Fly with love

A collection of poems by the national poet;

Dr. Masoud Sepand

تا دمی بیاسایم
در پناه ویرانی

دلم از این همه آشوب درده
حجاب گل مرا پژمرده کرده

در این گل خانه گل پرور ما
هوا بس ناجوانمردانه سرده

بگو از من به مردان تماشا
که توهین به زن تحقیر مرده

دست هایی , همه دوست
دوست هایی , همه دست
کوه را
گر چه بلند
روح را
گر چه پلید
می توان از جا کند .

دلم گرفته به اندازه ی هزار غروب
در انتظار طلوعی که می رسد از راه
ز چشم نیم شبان می چکد ستاره هنوز
به جای بهره گرفتن ز جان و خرد
نشسته ایم به سودای استخاره هنوز

دست از دلم بردار
ای امید آبادی

سر سودایی ما را طناب دار بخشیدند
دل دریایی ما را غم رگبار بخشیدند
گذرگاه گلو را آه آتشبار بخشیدند
بمیدان‌های تیر اما تن خونبار بخشیدند

وقتی که عاشق نیستی از جان و جانان دم مزن
از باوفایی‌ها مگو از عهد و پیمان دم مزن

عجب سکوت بدی خانهٔ مرا بغل کرده
غریبه ایست که بیگانه را بغل کرده
دوباره دورهٔ اسطوره‌هاست پنداری
حکایتی است که افسانه را بغل کرده
شکوه عشق بنازم به حجله گاه سحر
که شمع سوخته پروانه را بغل کرده

زنده یاد
مسعود سپند
شاعر ملی

گر چه می‌دانی و می‌دانم زبان اشک را
باز هم گاهی نمی‌فهمم توان اشک را
گر چه می‌پاشم ز هم شب آشیان اشک را
صبحدم در دیده دارم میهمان اشک را

┝━━━━━━━━┥

کسی که نیست بگویم ز درد خویش برایش
کسی که نیست بیفتم چو اشک خویش به پایش
کسی که نیست بداند ز درد و رنج نهانم
چها که می‌کشم از ناخدای شهر و خدایش

┝━━━━━━━━┥

اگر چه دست من از دامن تو کوتاه است
فضای فاصله اما کشیدن آه است
مرا به خویش بخوان ای نشانه‌ی شادی
چرا که چشمه‌ی خورشید بر سر راه است
دلم برای تو تنگ است درد من اینست
هزار توطئه در پیچ هر گذرگاه است

شعرهای پراکنده

گفتی تو به ما اراذل و اوباشیم
گفتی که فقط هزار تن می باشیم
چشمت بگشا نگاه کن اهریمن
ملیون ملیون تظاهر و پرخاشیم

دوشنبه ۲۳ ژوین ۲۰۰۳ سن هوزه

جز از تو نمی بریم فرمان ای عشق
بی تو هیجان ندارد این جان ای عشق
فرمان ز تو هیجان ز تو و جان از توست
ماییم و تویی و نام ایران ای عشق

یکشنبه ۱۱ ژانویه ۲۰۰۴

رباعی‌ها

خوش آنکه ارزش اشعار ناب می‌داند

خوش آنکه ارزش اشعار ناب می‌داند
و قدر مردم اهل کتاب می‌داند

به پیش پای حریفان چراغ می‌گیرد
گره ز کارگشودن صواب می‌داند

ز سوز سینه آتشدلان خبر دارد
چنانکه جوشش گل را گلاب می‌داند

فریب اهل ریا را نمی‌خورد هرگز
بهشت و دوزخ و برزخ سراب می‌داند

به بست و باز جهان دل نمی‌دهد چون موج
که بی‌بهائی عالم حباب می‌داند

در آسمان محبت بلند پرواز است
کبوتریست که کارعقاب می‌داند

بکوی دوست سفر می‌کنم سپند آسا
چو ذره‌ای که رهِ آفتاب می‌داند

برای پدرم

تو رفته ای و دلم در غمت عزا دار است
عـزای مـردم ازاده در دل زار اسـت

ز هـای هـای بهاری که می رسـد از راه
خبر ز رفتن بی باز گشـت این بار است

تو رفته ای و در اندیشه های سرخ غروب
خیـال سـوختن لالـه های تبدار اسـت

پیـام مهـر تـو در خانـگاه سـینه ی من
چراغ میکده ی مهر در شـب تار اسـت

بخـواب میبـرد اما نمـی رود در خواب
زمـان برای ربودن همیشـه بیدار اسـت

تونیسـتی کـه ببینـی چگونـه تنهایـم
مرا حکایت پیشانی است و دیوار است

عجـب مـدار در ایـن روزگار بی فرجام
که جام من زمی اضطراب سرشار است

زنده یاد
مسعود سپند
شاعر ملی

در زیربار زور کمر خـم نکـرده ام
صبـر وغـرور وغیـرت ایرانیـم ببین

گفتی ببخش دشمن خود را که ابله است
حـالا بیـا سرشک پشیمانیم ببین

بنشین دمی به ساحل امیدهای خویش
دریـای زندگانـی توفانیـم ببیـن

مـن آن خرابـه ام کـه پـر از یادگاریـم
افتـادن و شکسـتن و ویرانیـم ببین

گُرد شکسـت خورده ام اما حماسه ساز
مـادر بمـان و لحظـه ی پایانیـم ببیـن

مادر

مادر بیا و بی سرو سامانیم ببین
در سرزمین غیر پریشانیم ببین

در زیر آسمان صفابخش نیلگون
ابر نگاه و دیده ی بارانیم ببین

صحرای سینه ام همه جا حسرت بهار
بربام چهره برف زمستانیم ببین

چون لاله های سوخته از آتش تموز
داغ هزار درد به پیشانیم ببین

محراب من عبادت خورشید می کند
فارغ ز نام وننگ مسلمانیم ببین

چون مور اگر چه دست و گریبان دانه ام
در منتهای فقر سلیمانیم ببین

نـای، چـون بند بندش از عشـق است
به زمیـن پایبنـد نیسـت، چو نیسـت

هرچـه با عطـر خوش درآتش سـوخت
جانشـین «سـپند» نیسـت، چو نیست

رسـن زلـف تابـدار نگـار
بهر صیدش کمند نیسـت، چو نیسـت

او «حبیبی» اسـت کُنیه اش «مسـعود»
برکـس از او گزنـد نیسـت، چو نیسـت

در میـان سـخنوران الحـق
کس چو او ارجمند نیسـت، چو نیست

مـن فرامـرز و او فـرا دسـت اسـت
صحبت از چون و چند نیست، چو نیست

نیست چو نیست

نُقل وحلوا که قند نیست، چونیست
نَقل هر قِصه پند نیست، چو نیست

هرکتابی که درس آیین داشت
چون اوستا و زند نیست، چو نیست

هر قماشی که نرم بود و لطیف
پرنیان و پرند نیست، چو نیست

هر که با ناز سرکشید به باغ
سرو ناز بلند نیست، چو نیست

پیش ترکان فارس کوه دِنا
سبلان و سهند نیست، چو نیست

بارهٔ ابلق اَرچه خوشرنگ است
راهوار سمند نیست، چو نیست

زندگی

زندگی لحظه ی بسیارقشنگی ست که دوست
بنشیند با دوست
پاکدل- پاک نگه- پاک سرشت
فارغ از مسجد و مهراب - کلیسا و کنشت
دوراز مسخره ی دوزخ و اعراف و بهشت
دست در دست نگاهی معصوم
بروند و بروند و بروند....
تا سراپرده ی شعر
در گذرگاه شعور
بزم دل گلباران
اشک شادی رقصان
شیشه و ساغروساقی خندان
خانه میخانه شود زآنهمه شور
بردمد از بن گلها گل نور
آن زمان لحظه ی تابندگی است
آری آری با دوست
زندگی زندگی است.

با لب خشک و چشم تر زده‌ای
چون سحوری سرود بیداری
کوچه در کوچه در به در زده‌ای
فر فریاد در گلو داری
ناله در گوشهای کر زده‌ای
خوانده‌ای از غم قناری‌ها
بر دل و جان گل شرر زده‌ای
شور دریایی‌ات چه شیرین است
تکیه بر کشتی شکر زده‌ای
از خلیج همیشه پارس ز مهر
خیمه تا ساحل خزر زده‌ای
آتش انداختی به جان سپند
زین شرنگی که در خبر زده‌ای

۵ نوامبر ۲۰۰۹ سن حوزه کالیفرنیا
برای دکتر محمد عاصمی، شاعر، نویسنده و مدیر نشریه کاوه در آلمان

شهدی برای شرنگ

بسکه عمری در سحر زده‌ای
از دل آفتاب سر زده‌ای
با سر سبز و عقل سرخ هنوز
تکیه بر سرو کاشمر زده‌ای
دست در دست واژه های لطیف
پنجه در پنجه ی هنر زده‌ای
باده ی سرخ در سبو داری
می سرایی به هر گذر زده‌ای
همره زخمه های نی داود
سر به مهرابه ی قمر زده‌ای
ای بسا زخم خام چرکین را
با نوک خامه نیشتر زده‌ای
شاهبازی و دور پروازی
در قفس گر چه بال و پر زده‌ای
بوسه بر خاک تشنه ی معصوم

اندکی کالای آرامش در این بازار نیست
زندگی را در بساط های و هو گم کرده‌ام

می، سکوت و خلوت و خشم و خموشی می دهد
من صدایم را به گلبانگ سبو گم کرده‌ام

زنده یاد
مسعود سپند
شاعر ملی

گم کرده‌ام

من دلم را در هجوم آرزو گم کرده‌ام
عشق را در کوچه‌های جستجو گم کرده‌ام

در بیابان‌های فکر خویش دنبال سراب
آب اگر پیدا نکردم آبرو گم کرده‌ام

مرغ خون آلوده‌ی اندیشه را پَر داده‌ام
خویش را در تنگنای خلق و خو گم کرده‌ام

قهر را بر پیکر بیداد اگر کوبیده‌ام
مهر را هنگام بحث و گفتگو گم کرده‌ام

کرده‌ام بر خود حرام این یک دو روز عمر را
سادگی را در حریم رنگ و بو گم کرده‌ام

زیر دست پای غم با اشک پیمان بسته‌ام
گریه را در پیچ و خم‌های گلو گم کرده‌ام

«شـراب ارغوانـی را گلاب انـدر قـدح ریزیـم
نسـیم عطرگـردان را شِـکَر در مجمـر اندازیـم»

گنهـکاری کـه شـب یـا قاضـی الحاجـات می بافد
بجـای مهـر در محـراب موهومـات مـی بافد

سـحر بـا سـرب خـون برچهـره هـای مـات مـی بافد
دل مـن زینهمـه ریـب و ریا هیهـات می بافد

«یکـی از عقـل می‌لافـد یکـی طامـات می‌بافد
بیـا کایـن داوری‌هـا را بـه پیـش داور اندازیـم»

طبیبـان هنـر دیگـر نمـی گیرنـد نبـض سـاز
بجـز شـلاق حتـی آب هـم افتـاده از آواز

بـر آتشبام دلهـا بـرم حسـرت مـی کنـد پـرواز
ستمکیشـان بجـز بسـتن نفرمودنـد راهـی بـاز

«سـخندانیّ و خوشـخوانی نمی‌ورزنـد در شـیراز
بیـا حافـظ کـه تـا خـود را بـه ملکـی دیگـر اندازیـم»

در این غربت اگر بودم بهر بود و نبودی خوش
بکارون وارس هرشب فرستادم درودی خوش

به دفترکاهی قلبم نوشتم یادبودی خوش
که از سرچشمه، چشمم خوشم با زنده رودی خوش

«چو در دست است رودی خوش بزن مطرب سرودی خوش
که دست افشان غزل خوانیم و پاکوبان سر اندازیم»

چه دریاها که پنهانست در خم ها به میخانه
زخیر سر گذشتم تا نهادم پا به میخانه

نوشتم سرنوشتم را بیک امّا به میخانه
بغیر از غم نمی افتد کسی از پا به میخانه

«بهشت عدن اگر خواهی بیا با ما به میخانه
که از پای خمت یکسر به حوض کوثر اندازیم»

چرا ای دیده بیدار خواب اندر قدح ریزیم
ز مرداب فراموشی حباب اندر قدح ریزیم

بیا در بزم هشیاران شتاب اندر قدح ریزیم
به اشک شادمانی آفتاب اندر قدح ریزیم

تضمینی از حافظ

بیا تا ظلمت آباد دل زاهد براندازیم
ز غیرت آتشی بر چوب خشک منبر اندازیم

شرر بر جان دیو و دد، ز اشعار تر اندازیم
سلیمان را به حیرت خانه انگشتر اندازیم

«بیا تا گل برافشانیم و می در ساغر اندازیم
فلک را سقف بشکافیم و طرحی نو در اندازیم»

در آن هنگامه کز هر سوی باران فغان ریزد
فغان از قامت فریاد تا اعماق جان ریزد

ز پای افتد گل و هر دم خزانی در خزان ریزد
زمستان در زمستان در میان استخوان ریزد

«اگر غم لشکر انگیزد که خون عاشقان ریزد
من و ساقی به هم تازیم و بنیادش براندازیم»

نه او نمرده است که من زنده‌ام هنوز
«هرگز نمیرد آنکه دلش زنده شد به عشق» که می‌دانیم سروده حافظ است.
در زمانه ما، بیت یا مصرع مورد تضمین را داخل گیومه قرار می‌دهند.

م - سپند

تضمین

تضمین: واژه یی است تازی به معنای چیزی را درجایی گنجاندن و در اصطلاح فن بدیع آن است که، شاعر، یک مصراع یا یک بیت یا تمام شعر شاعر دیگر را در ضمن سروده خود بیاورد(بگنجاند)
تضمین بر دو نوع است: ۱- مصّرح که شاعر نام شاعری را که شعرش را در سروده خود آورده واضح بیاورد مانند این بیت درغزل حافظ:

ور باورت نمی شود از بنده این حدیث
از گفته (کمال) دلیلی بیاورم
«گر برکنم دل از تو و بردارم از تو مهر
آن مهر برکه افکنم آن دل کجا برم»

که بیت آخر از کمال الدین اصفهانی است و حافظ آنرا تضمین کرده است.
تضمین مبهم: آنست که شعر تضمین شده چنان مشهور باشد که نیازی به ذکر شاعرش نباشد مثل این بند شعر مادر شهریار که گفته است:

ساز غمگین و سخن مجروح و آوا دردمند
تا کلید گنج فرهنگ و هنر در دست توست

وای این سنگین دلی ها کی به پایان میرسد
بوی نفرت می دهد تا شعر تر در دست توست

زنده یاد
مسعود سپند
شاعر ملی

تبر در دست

سرو آسایش ندارد تا تبر در دست توست
این تبر جامانده از عصر حجر در دست توست

از دعای نحس تو بیمار می‌افتد ز پای
زخم چرکین می‌شود گر نیشتر در دست توست

کام تلخ روس شیرین می‌کنی با آب شور
تا که عرض و طول دریای خزر در دست توست

سنگ می‌نالد از این سنگین دلیهای فقیه
تا که افسار مریدان سر بسر در دست توست

بوی نابودی انسان میدهد اندیشهات
تا که قانون همایون بشر در دست توست

باغ ویران گشته، بلبل لال و قمری نوحه‌خوان
تا مصیبت نامهٔ مرغ سحر در دست توست

آسان نیست

اهرمن ترک وطن آسان نیست / ترک آن خاک کهن آسان نیست
پیش تو کندن جان آسان است / ترک یک جان ز بدن آسان نیست
ریشه در خاک خراسان دارم / ریشه کن کردن من آسان نیست
تا ابد پارس خلیجی داریم / انگ تازیش زدن آسان نیست
خون شمشاد قدان می‌نوشی / ننگ ضحاک شدن آسان نیست
رشک خورشید جهان افروزند / در کفن کردن زن آسان نیست
فصل گل غنچه لبان می‌شکفند / غنچه بستن به کفن آسان نیست
فکر تو بوی لجن دارد و بس / صحبت از مشک ختن آسان نیست
اهرمن ترک وطن آسان نیست / ترک آن خاک کهن آسان نیست

برخیز تا بقامت فریاد جان شویم

برخیز تا بقامت فریاد جان شویم
پشـت دهـان بسـتهٔ مـردم نهـان شـویم

تـا هر که خواسـت نالـه زبیداد سـرکند
همـراه نالـه نعـره شـویم و روان شـویم

برخیـز تـا قیـام قیامـت فـرا رسـد
شـیر درفـش دولـت پیـر مغـان شـویم

زنده یاد
مسعود سپند
شاعر ملی

هوا بس ناجوانمردانه سرده

بهار آمد
دل من باغ درده
حجاب زن
مرا پژمرده کرده
در این بازار داغ دین فروشان
در این گلخانهٔ گل‌پرور ما
هوا بس ناجوانمردانه سرده

۲۷ مارچ ۲۰۲۱

در کنج دل جا می شوی تو

وه که چه خوش در کنج دل جا می شوی تو
غم می گریزد تا که پیدا می شوی تو
یادآور دوران عشق و نوجوانی
در لحظه های من هویدا می شوی تو
کار دلم را ساختی با چشم مستت
شیرین تر از تلخی صهبا می شوی تو
تا هستم و هستی جهان زیباترین است
یوسف اگر باشم زلیخا می شوی تو
وقتی سخن می گویی از موسیقی و شعر
برنامهٔ زیبای گلها می شوی تو
رازی به لب دارد لبان بوسه خواهت
هنگام بوسیدن چه زیبا می شوی تو
یک لحظه بنشین تا که برخیزد غم از دل
در جسم و جانم شور و غوغا می شوی تو
امروز را دریاب ای درد آشنایم
فردا کجا؟ کی قسمت ما می شوی تو؟

بیستم ژوئیه ۲۰۱۵، در بین راه لوس آنجلس به سن هوزه سروده شد

زبان اشک را

گرچه می دانی و می دانم
زبان اشک را
توان اشک را
می برم منزل به منزل
کاروان اشک را
سر به روی شانه ام بگذار
ای خورشیدروی
تا به پایت افکنم
رنگین کمان اشک را

دل قوی دار غم اگر داری

دل قــوی دار غــم اگــر داری   غـم ظلـم و ســتم اگــر داری
فر فریاد را مبر از یاد   نالـهٔ زیــر و بــم اگــر داری
قـد برافراز در برابر ظلــم   پیش خم پشت خم اگر داری
زیـر بــار ســتم مرو هرگــز   غیرتـی بیـش و کـم اگر داری
شــرف واژه را نگهمیدار   دستی انــدر قلم اگر داری
مســت میخانــهٔ محبــت بــاش   دل چـون جـام جـم اگر داری
بگـذر از مــا و مــن در این عالم   سر موئی کرم اگر داری
بوســه بــر پــای آفتــاب بــزن   هــوس صبحـدم اگر داری
بــاز کن یــک بغل پـر از آغوش   دلبـری خوشـقدم اگر داری
بگـذر از شعـر آتشین سپند   فکـر بــاغ ارم اگـر داری

۱۱ ماه مه ۲۰۱۶ و من در اتاقی که به اندازه یک تنهایی است

آری خدا هم ناخدا را دوست دارم
در جشن خودفرمانی و دولتمداری
من پیشوا من پیشوا من پیشوا را دوست دارم

مسـت صفـای دولت زردشـت هسـتم
خاک در میخانه‌ها را دوست دارم

مـن درد را بـا اسـتخوانم می‌شناسـم
هم مردم درد آشنا را دوست دارم

پـا تـا بـه سـر او را سـراپا دوسـت دارم
من خاک پای مردم آزاد فکرم

هـم مـردم یـک لا قبـا را دوسـت دارم
بیزارم از عمامهٔ چون مار ملا

هم تاج و هم تخت و کلاه را دوست دارم
میهن پرستی شیوهٔ آزادگان است

آزادگـی در هـر کجـا را دوسـت دارم
آزادگی درد است و درمانش بود عشق

ایـن درد زیبـا و دوا را دوسـت دارم
سرباز عشقم مرد میدان نبردم

فرمانـدهٔ کل قـوا را دوسـت دارم
کشتی کشور می برد دریا به دریا

من سرزمین آریا را دوست دارم

مـن سـرزمین آریـا را دوسـت دارم
خاک دل‌انگیز خدا را دوست دارم

ایـن کوه‌هـا این رودهـا این دشـت‌ها را
این دره‌های با صفا را دوست دارم

ایـن شـهرها این کوچه‌ها ایـن خانه‌ها را
این مردمان بی‌ریا را دوست دارم

شـعر کمـال و آسـمان سـیردریا
من این خجند بی‌بها را دوست دارم

بـاد صبـا بـوی خـوش ورزاب دارد
بسیار من باد صبا را دوست دارم

گل چهره‌هـای خوش‌گل و گل‌پیرهن را
معصومه و خیرالنسا را دوست دارم

در گـوش می‌پیچـد درای کاروان‌هـا
در راه ابریشم درا را دوست دارم

خسته

چون حبابی که شد از دیدن دنیا خسته
خسته‌ام خسته از این ماندن بیجا خسته

روی یک موج که در حادثه سر می‌کوبید
گردشی کردم و گشتم ز تماشا خسته

این چراها همهٔ ذهن مرا پر کرده
عجبی نیست که هستم ز چراها خسته

گورها با لب خاموش سخن می‌گویند
شیخ کی می‌شود از قتل نداها خسته

سخن عشق به هر شرح و بیانی زیباست
کو کشیشی که شد از زنگ کلیسا خسته

راه طولانی و ما راهی و یاران در راه
رود کی می‌شود از بوسه به دریا خسته

باش در غنچهٔ شعرم که چو گل باز شوی
آینه کی شود از چهرهٔ زیبا خسته

وقتی خدا درست خدایی نمی‌کند
هرگز کسی به فکر حلال و حرام نیست
خود در کمین کشتن ما بود آن که گفت
در عفو لذتی‌ست که در انتقام نیست

۲۸ آگوست ۲۰۱۲ سن هوزه، کالیفرنیا

در عفو لذتی‌ست؟

تلخ است روزگار و کسی را بکام نیست
مردم بسی و مردمی اما مرام نیست
جز خنجر نگاه به چشمی نمانده است
تیغی بغیر زخم زبان در نیام نیست
بسیار دیده‌ایم که در خشم چشم‌ها
ما را درود هست و کسی را سلام نیست
زین خیل سرخراب و روانپاره و پلید
سودای ننگ هست و تمنای نام نیست
از گرگ و میش صبح فقط گرگ مانده است
دیگرِ ستیغ صبحدمان نقره‌فام نیست
در سوگ تاج‌ها و عزای ستارگان[1]
جز ناله‌های مرغ سحر پشت بام نیست

۱. کنایه از تاج و ستاره روی پاگون افسران ارتش بود که در پشت بام اعدام می‌شدند.

وطن شبهای شعر و شادمانی   ز فردوسی و حافظ نغمه خوانی
وطن خیام آن پیر خردمند   که مستی را به عالم می دهد پند
وطن میدان مشق پادگان ها   سرود مهر جاری بر زبان ها
ز مرز پر گهر خواندن نوشتن   کلام عشق را با خون سرشتن
وطن یعنی سرود سرخ ایثار   وطن یعنی برای صلح- پیکار
وطن یعنی سپاهی های گمنام   که جام مرگ نوشیدند ناکام
وطن حلاج های بر سر دار   ز سرباز و ز جانباز و ز سردار
رحیمی و محقق هردوافسر   جهانبانی وخسرو داد سرور
وطن یلدا سده چار شنبه سوری   که آتش می کشد بر دین زوری
وطن جشن شقایق جشن نوروز   بر آمد از دل تاریخ پیروز
وطن سیزده بدر با رقص و آواز   بروی سبزه ها پرواز پرواز
وطن‌عشق‌ووطن‌عشق‌ووطن‌عشق   سر اغاز و سرانجام سخن عشق
وطن یعنی چه یعنی داد تاریخ   نوشتن گفتن از فریاد تاریخ
وطن یعنی رضا یعنی رضاشاه   که میدانست فرق راه از چاه
وطن آری رضا شاه کبیر است   که میهن از تلاشش وامگیر است
وطن کار و وطن کار و وطن کار   وطن شب زنده داری های بسیار
وطن یعنی در رزم دلیران[1]   همه فریادشان فریاد ایران
وطن یعنی چه یعنی درد- درمان   وطن عشق بزرگم یعنی ایران

اوریل ۲۰۱۲ سن هوزه

۱. دلیران اشاره به تیم ملی فوتبال ایران

وطن یعنی دهل- کرنای- شیپور کمانچه-تار-دف-نی-طبل-سنتور
وطن خاک پدر-مادر- نیاکان وطن یعنی دل تاریخ ایران
وطن یعنی غباری و سواری وطن یعنی سوار سر بداری
وطن یعنی سروشی و خروشی وطن یعنی سوار سر خ پوشی
وطن از زندگانی دست شستن به خاک افتادن و از خاک رستن
وطن عین القضات و سهروردی ابو لولو- مقفع - پایمردی
وطن فرزانه بابک آن یل گرد نشد تسلیم دشمن تا که افسرد
وطن یعنی چه بی دین و چه با دین نمی جنگند با هم از سر کین
مسیحی و کلیمی و بهایی ز قید و بند سنت ها رهایی
وطن ابیانه و دشت کویر است گناباد و قنات دور و دیر است
وطن یعنی سفر ها ساربان ها وطن یعنی گذر ها کاروان ها
وطن یعنی شراب شمس تبریز که جام مولوی زان گشت لبریز
وطن یعنی چه شیرینی چه تلخی وطن یعنی چه رومی و چه بلخی
وطن یعنی چراغ-آیینه- خورشید خرابات مغان و تخت جمشید
وطن فردوسی و سعدی نظامی سنایی- رودکی -عطار - جامی
جوانی کوچه گردی عشق پیری وطن یعنی فریدون مشیری
وطن یعنی خروش خلق ایران خروش مردمان خانه ویران
وطن دوغی یخی آشی لبویی کبابی کله پز - آبی - کدویی
وطن یعنی دروغ ازسینه رفتن ز کژراهه گسستن راست گفتن
بهم پیوستن مهر چپ و راست سرود رود های هر چه دریاست
وطن یعنی خداوندان تدبیر سیاست پیشگان دور یا دیر
سخندان و سخن ران و سخن سنج برای مردم ما بهتر از گنج

وطن یعنی هنر - تاریخ - فرهنگ بهارستان- هزار افسانه -ارژنگ
وطـن شاهنشـهان باسـتانی نبشـته سـنگ‌های جاودانـی
وطن گاتا - اوستا - شاهنامه کیومرث و سیامک -خون و خامه
وطن البرز کوه و آرش و تیر وطن تفتان و بینالود و پامیر
وطن تهمورس و هوشنگ و جمشید سیاوش پاک تر ازاشک خورشید
وطن یعنی خدای خویش گشتن سیاوش وار از آتش گذ شتن
فریدون -ایرج و کیخسرو و گیو وطن عشق منیژه - بیژن نیو
وطـن رستم‌سـرای زابلسـتان وطن رودابه‌دخت کابلستان
وطن سیمرغ و سام ورستم زال خدای زور بازو - یال و کوپال
وطنگـرد افریـدان دلاور زنان شیر اوژن - شیر پرور

وطن تهمینه - پوراندخت - سیمین فرنگیس و ندا - پروانه - پروین
وطن یعنی محبت پشت در پشت بزرگ‌آمـوز گار شرق‌زرتشـت
وطن یعنی زن و مرد نکو کار به پندار و به گفتار و به کردار
وطن مزدا اهورا - نیک پندان فرشته سیرتان - امشاسپندان
وطن کورش سیاوش داریوش است خشایار چو دریا پر خروش است
وطن آن پادشاه کامگار است که قانون بشر زو یادگار است

وطن یک با همستان بزرگ است وطن اندیشمندان سترگ است
وطن از غرب چین تا شرق بغداد ز بـالای خـزر تـا تـازی آبـاد
وطـن یعنـی درفـش کاویانـی شـکوه زرد وسـرخ و ارغوانـی
وطن یعقوب لیث رویگر زاد زبـان از بنـد تـازی کـردآزاد

وطن یعنی چه

شنیدم شاعر گردن فرازی ز تعریف و تملقبی نیازی
سخن ها از وطن بسیار گفته است سخن را خوش تر از الماس سفته است
اگر چه شعر او عالیمقام است ولیکن هر چه باشد ناتمام است
از این رو سینه ام را می درانم دلم را سوی میهن می کشانم
به شمشیر قلم گر می برمدست به دریا می زنم دل تا دلی هست
وطن یعنی تولد زندگی مرگ تمام هستی ی ما برگ در برگ
وطن نان و پنیر و چای شیرین دویدن توی کوچهپای ور چین
وطن اراده بازی نی سواری جهش پشت درشگه پشت گاری
هلواز خانه ی همسایه چیدن به زیر چادر مادر خزیدن
وطن مادر پدر خواهر برادر پسر دختر رفیق و یار و همسر
وطن یعنی جوانی شور مستی شکوه شیوه ی میهن پرستی
دبستان و دبیرستان و استاد که درس مهرمیهن یادمان داد
یعنی کلاس درس انشا ز خون و خاک گفتن مهر و امضا
سخن با پارسی گفتن شنفتن زبان پارسی راپاس گفتن
وطن سر بیشه-بیژن وردو طوس است وطن زیبا تر از روی عروس است

زنده یاد
مسعود سپند
شاعر ملی

من سالهاست

با این شراب کهنهٔ خود خو گرفته‌ام

پیوند من به میهن من ناگسستنی است

من ... آریائیم

سپتامبر ۲۰۰۲ دوشنبه تاجیکستان

بار می‌زند

من آریائیم
توس و خجند و کابل و شیراز و قونیه
هستند هر کدام یکی جان‌پناه من
زرتشت با سه پند
شده قبله‌گاه من

من آریائیم
قرآن من کتاب غزل‌های حافظ است
شهنامه اوج پشتوانهٔ فرهنگی من است
اسلام من به کعبهٔ دل می‌برد نماز
ایمان من به دار اناالحق در اهتزاز

من آریائیم
در هر کجا ز میهن من نام می‌برند
بی‌اختیار بر رخ من اشک می‌رود
آرام و گرم و نرم
چون آهوان گمشده در پهنهٔ کویر

در اشک من همیشه شفق موج می‌زند

از چشم چشمه‌های صفابخش خوانده است

من آریائیم
در باغ فکر من
زرد و سیاه و سرخ
همه گل‌های هستی‌اند
سر داشتن اگر چه گاه نشانی ز سروری است
اما ...
در فکر و ذکر من
انسانیت عیار بزرگی و برتری است
شیرازهٔ کتاب دلم عشق و زندگی است
من دشمنم به هر چه غلامی و بندگی است

من آریائیم
از نسل آفتاب
خورشید نور را
در چارسوی سینهٔ من
جار می‌زند

هر کس به وسع خویش
مهر از صفا و سادگیم

من آریائیم

من آریائیم
از نسل آفتاب
از شهد ماهتاب
از اوج قله‌های سرافراز
از قعر دره‌های دل افروز

خاک وجود من
انبوهی از غبار تمامی قرن‌هاست
کز گردباد حادثه‌ها جان گرفته است

گرمای دست من
از هرم دشت‌های تب‌آلود مانده است

برق نگاه من
آئین مهر را

از پشت جام دیدن یک دیدهٔ خمار
هرچند چون سراب مرا مست می‌کند

صد شیشهٔ شراب به گردم نمی‌رسد
یک بیت شعر ناب مرا مست می‌کند

خلوت‌نشین میکدهٔ شعر حافظم
این حسن انتخاب مرا مست می‌کند

میکدهٔ شعر حافظ

هـر صبـح آفتـاب مـرا مسـت می‌کنـد
خورشـید بی‌حسـاب مرا مسـت می‌کند

آواز یـک پرنـده مـرا می‌بـرد بـه اوج
پـرواز یـک عقـاب مـرا مسـت می‌کنـد

افسـانهٔ پیاله   پرسـتان   پاکبـاز
میخانهٔ خـراب مـرا مسـت می‌کنـد

از بـاغ خاطـرات در آن مـرز پُرگوهـر
بـوی گل و گلاب مـرا مسـت می‌کنـد

پیرانه‌سـر در آیینه‌هـا پرسـه می‌زنـم
بـاد خـوش شـباب مـرا مسـت می‌کنـد

داد مـرا ز گوشـه بیداد اگـر دهـد
بـا زخمهٔ ربـاب مـرا مسـت می‌کنـد

بـه شـوق بـازی طفلانـه‌ام سـر پیـری
به باغ سـینهٔ صافـت دو گـوی گل داری

مـرا به میکـدهٔ مهر خویـش مهمان کن
تو ای که با دل من های و هوی گل داری

۱۶ آگوست ۲۰۱۷

سبوی گل

تـو از کـدام بهاری کـه بـوی گل داری
میـان غنچـهٔ لب‌هـا سـبوی گل داری

ز بـزم شبنم شـب زنـده‌دار می‌آیـی
نسـیم صبحدمـی آبـروی گل داری

از آسـمانهٔ چشـمت گلاب می‌بـارد
چنین که در نگهت شستشوی گل داری

ز شـهر عشـق گـذر می‌کنـی و می‌دانی
میـان آینه‌هـا گفتگـوی گل داری

عجب که دسته گلی را بدست می‌گیری
خـودت گلی و نظر بـاز سـوی گل داری

چنین که شرم در آغوش می‌کشد رویت
بـه گونه‌هـای لطیفـت هلـوی گل داری

علی رستمی بود در ذهن خامم
تو با صاحب ذوالفقارم چه کردی

حقوق بشر را چه پامال کردی
تو با کورش کامگارم چه کردی

تو ای دشمن اول سر زمینم
به این آخرین یادگارم چه کردی

۱۹ جولای ۲۰۱۸

مگر کمتر از برگ زر بد ریالم
تو با هفتومانی دلارم چه کردی

به هر حیله‌ای هستیم را ربودی
نگه کن به دار و ندارم چه کردی

ز لب تشنهٔ کربلا روضه خواندی
به لب تشنگان دیارم چه کردی

به اسپهبدانی سر افراز بودم
بتاریخ پر افتخارم چه کردی

گلوگاه آزادگان را بریدی
تو بدبخت با بختیارم چه کردی

تو حتی به یک مرده رحمی نکردی
به شاهنشه بی مزارم چه کردی

زن و مرد را سوی پستی کشیدی
به جرم زنا سنگسارم چه کردی

خدایی برای خودم آفریدم
تو با ذات پروردگارم چه کردی

چه کردی

ببین اهرمن با دیارم چه کردی
دیاری که من دوست دارم چه کردی

من از مهر آن خاک سرشار بودم
به این عشق دیوانه‌وارم چه کردی

به مردم‌دلی در جهان شهره بودم
به نامردمی شرمسارم چه کردی

همه دست افتادگان می‌گرفتم
به افتادگی خوار و زارم چه کردی

تمام جهان بود و من بودم و عشق
جهانی پر از کینه بارم چه کردی

به هر کشوری معتبر بودم اما
تو با آن همه اعتبارم چه کردی

سبزم ز رنگ زرد و سرخ و ارغوانی
بر دوش دل دارم درفش کاویانی

با پیر توس و رند شیراز آشنایم
در دست دارم زین مهان خط امانی

با شهد جان می‌پرورم کندوی شعری
از خون دل می‌گسترم دستار خوانی

بس کام شیرین می‌کنم با قصه‌ای تلخ
بس دل به آتش می‌کشم با داستانی

میدان مشق عشق دانشگاه من بود
آموختم درس وفا در پادگانی

با لشگر شعر و سپاه واژگانم
بر قلب دشمن می‌زنم تا هست جانی

۱۸ دسامبر ۲۰۰۷ لاس وگاس

من کیستم

من کیستم سرباز بی‌نام و نشانی
در کوی جانبازان و رندان پاسبانی

بسیار شب‌ها تا سحرگاهان نخفتم
تا سر به بالین خوش نهد پیری جوانی

بسیار از خون جگر پیمانه خوردم
بر سفرهٔ خود ساختم با لقمه نانی

بودم اگر دلشاد از شادی مردم
همدرد بودم با غم خردی کلانی

از سرزمین زنده باد و مرده بادم
جز باد این کشتی ندارد بادبانی

این اشک و آه سوزناکم بی‌سبب نیست
در سینه دارم کورهٔ آتشفشانی

از گور ندا سر مده فردوسی طوسی
گرد افریدم زار و نزاره یره ورخیز

بچه ی مشد ازدشمن ایران نمترسه
تا سر دره سر مشکنه یاره یره ورخیز

۱۰ ژانویه ۲۰۱۳ سن هوزه کالیفرنیا

گیریه‌ی ننه هار سر قبرا نمبینی؟؟
اشکای همه شا شمع مزاره یره ورخیز

ازای همه بی غیرتی ی ای همه سردار
آزادی دلنگون سر داره یره ورخیز

تو نسل ابو مسلم و یعقوبی و بابک
ترسو نبودی وقت شکاره یره ورخیز

دولخ مکنه توی خیابون و بیابون
پاسداره که عین سگ هاره یره ورخیز

شیخ و طلبه‌ی گوشنه شده رهبر مردم
عمامه‌ی او آغل ماره یره ورخیز

سر خم نکو اقذر یرگه مشکنه پوشتت
ور گرده‌ی تو شیخه سواره یره ورخیز

پیداش مکنی ای ور و او و روخی عشقی
ور سیب گولوش وقت خچاره یره ورخیز

خون همه‌ی مردم ایران ر مچوشه
زالو صفته بوزغله ماره یره ور خیز

یره ورخیز

به لهجه خراسانی

وازدو شـلغه موقـی ی کاره یـره ورخیـز
کار ت نـه فقـط داد و هـوار ه یره ورخیز

از کنج خنت تا به خیابون دو قدم نیست
هر چی که مخی اونجه تیاره یره ور خیز

روضه مخنه شـیخ و تو ابغـوره مگیری
ای گریـه ی تو ننگـه و عاره یـره ورخیز

تـا ور نخزی هیشـکی بـزت دل نمبنده
ای کارا چیـه یـا ای چـکاره یـره ورخیز

خوابت مبره شبها که چشمات مبندی ؟
روزای وطـن تیـره و تـاره یـره ورخیـز

ای وای که جونار موکوشن یا که مدوزدن
دانشـجو مگـر بلگ چنـاره یـره ورخیز

فــر فرهــادی تــو چلــوهٔ شـیرین دارد
تیشه در دست تو - اوج هنری نیست که هست

غیــرت عشــق بنالــم کــه بسـی سـنگین اسـت
زیر این بار - شکسـته کمری نیسـت که هست

فاش گویم که ترا شعر تری نیست که هست

فاش گویم که ترا شعر تری نیست که هست
بازِ پرواز ترا بال و پری نیست که هست

رمز دل بردن آزرده دلان می‌دانی
در کلامت ز محبت اثری نیست که هست

این همه گنج در اندیشهٔ تو پنهان است
در غزلهات نشان از گهری نیست که هست

مست میخانهٔ وحدت شده‌ای نوشت باد
فرق بین من و تو مختصری نیست که هست

راه ما گرچه ز هم دور به هم نزدیکیم
وندر این ره عجب - خون جگری نیست که هست

زهر و تریاق در این چامه فراوان داری
هم علاج دل ما را قدری نیست که هست

گر نباشد عشق

می حرام است گر نباشد عشق　　خون به جام است گر نباشد عشق
بر در بار گاه پیر خرد　　پخته خام است گر نباشد عشق
آن که سیراب می شود از وصل　　تشنه کام است گر نباشد عشق
شام صبح است عشق اگر باشد　　صبح شام است گر نباشد عشق
هر قدر دلفریب خال نگار　　دانه دام است گر نباشد عشق
آخر هر شکست و پیروزی　　انتقام است گر نباشد عشق
این همه شور در کلام (سپند)　　نا تمام است گر نباشد عشق

حوصلهٔ شب

کنار حوصلهٔ شب نشسته‌ام تنها
و در حوالی ی فریاد خسته‌ام تنها

نگاه می کنم از پشت شیشه های شیار
خراب و خامش و در هم شکسته‌ام تنها

به غیر خویشتن خویش کس نمی بینم
چرا که از همه عالم گسسته‌ام تنها

به سوی بی هدفی در گریزو پروازم
مثال مرغک از دام جسته ام تنها

چرا نمی درم این زخمهای چرکین را
به خشم خاطره ها چشم بسته‌ام تنها

زخرسخواب زمستانیم چه می پرسی
در انتظار بهار ی خجسته‌ام تنها

کمر به کشتن اندیشه بسته شب وروز
هنوز در پی پایان نشسته‌ام تنها

تو می مانی و می دانی
وطن آزاد خواهد شد
وطن آباد خواهد شد

مسعود سپند، نیویورک، ۱۲ دسامبر ۲۰۰۸

ستایشنامه‌ی اسپهبدان تاجور با توست
و همگام سرود ناب "ای ایران"
سپاس کوروش و منشور قانون بشر با توست
و می‌دانم ندارد قابلی امّا
همین شعر "سپند" در بدر با توست

* * *

تو ای مرغ سحر آوا
تو ای چاووش فرداها
تو روزی خویشتن را از قفس آزاد خواهی کرد
و آنگه نوبت پرواز خواهد شد
و آغوش من و من‌ها به رویت باز خواهد شد
و اشک شادمانی شهر را از قهر خواهد شست
و از هر قطره‌ی اشکی
هزاران دست خواهد رُست
و خواهی دید
که مرد و زن تو را در چشمه‌ی خورشید می‌شویند
و سر در گوش یکدیگر سرود مهر می‌گویند
و راه عشق می‌پویند
و من حتی اگر باشم، نباشم، هیچ نقلی نیست

تو تنها نیستی
در چار دیواری که
طولش کمتر از عرض است و عرضش کمتر از طول است
و در اندیشه‌ی ناپاک مزدوران جور و جهل مقبول است
و خیل گزمه‌ها خونریز
و سرملای بی‌آزرم
تجاوز را به این نا پاسداران می‌کند تجویز
طپش‌های دلم با توست
تمام سرفرازی‌ها
از آن آب و گلم با توست

***

تو تنها نیستی
زیرا که بر بام و در زندان دژخیمان
نه تنها ابر و باد و غرّش باران
درود و آفرین عاشقان رهگذر با توست
خروش اشک‌های مادران خون جگر با توست
و در سودای آزادی
سکوت جرأت انگیز پدر با توست
و از آن دورترهای نه چندان دور

تو تنها نیستی
پیشکش به زندانی سیاسی

تو تنها نیستی
ای مرغ شبخوان سحر آوا
بخونپاش دهان، کنج قفس
با قفل زندان می کنی نجوا
سخن می گویی از دیروز و از امروز و از فردا
و از فردای فرداها
و پژواک صدایت
می خراشد شیشه های عمر دیوان را
و نقبی می زند تا هر کجا و ناکجای برزخ تاریخ
و در هر پیچش سرگشته ی ظلم و زبونی ها
به چشم خویش می بینی
خروش و خشم خونبار دلاورها و خونی ها
و می بینی که هر گُردی
بپای بیدق آزادگی سر می کند سودا

***

بهر کجا و به هر ناکجای این عالم
دوام نشیه ی میخانه ی خمارانی

بیاد آتش مهرت سپند باید سوخت
چرا که گرمی دل های بیقرارانی

تو از قبیلهٔ دردی

تـو از قبیلـه ی ابـری ز جنـس بارانـی
سـرود رودی و آوای آبشـارانی

بپاسـداری گنـج سـخن سـر افـرازی
طلایـه‌دار سـپاه سپاسـدارانی

تـرا ز اشـک هنـر پیشـه میشناسـم مـن
تـو یـادگار چراغـان لاله‌زارانـی

ز هفت خوان حوادث چه ساده می گذری
اگـر چـه دسـت و گریبـان روزگارانـی

هنـوز از دل امیـد می‌زنـی سوسـو
هنـوز پنـد و سـپندار مازیارانـی

هنـوز بـر صـف ضحاکیـان فریدونـی
درفـش کاوه عشـقی ز سـربدارانی

اعدام

وقتی تـو را اعـدام کردنـد   شـب را شـقایق فـام کردند
مینـای دل هـا را شکسـتند   خـون در گلـوی جـام کردند
مهـر وطـن از یـاد بردنـد   بیگانگـی بـا مـام کردند
از نـی‌نی چشـمان زاهـد   نامردمی‌هـا وام کردنـد
آییـن تاریکـان گرفتنـد   آیینـه را بـد نـام کردند
شسـتند مغـز کـودکان را   ناپختگـی بـا خـام کردنـد
زشـتی و پسـتی و پلیـدی   در یکدگـر ادغـام کردنـد
جـای فرشـته دیـو آمـد   اهریمـن اسـتخدام کردنـد
دام تعصـب پـی فکندنـد   نـام و را اسـلام کردنـد
هـر نعـرۀ مسـتانه‌ای را   تعبیـر بـا دشـنام کردند
اندیشـه‌های عاشـقی را   از ریشـه قتـل عـام کردنـد
پروانـه هـا را سـر بریدنـد   در اشـک و خون حمام کردند
بـا داریـوش و کـورش امـا   بـس جـرم بـی فرجـام کردند
کـی می‌رود از یـاد تاریـخ   کاری کـه پشـت بـام کردند

بـه اتـش مـی کشـد بیـداد را فـواره ی فریـاد
به هم پیوسـتن پیـر و جوان می خواهـد آزادی

کـه تا دنیای ظلمت پیشـه گان را تیره تر سـازد
زچشـم گلرخان تیر و کمان می خواهد آزادی

بـه امیدی کـه بابک ها سـپنداران[1] بـر افروزند
چراغش روشنی ازعطرجان می خواهد آزادی

مارچ ۲۰۰۴، سن هوزه، نوروز ۱۳۸۳

۱. سپندار= شمع

آزادی

زغیرتخانـه ی دل هـا توان مـی خواهد آزادی
تـوان از همـت آزادگان مي‌خواهـد آزادی

ز بـرق کینـه هـا ظلمـت بجـای نـور میبـارد
صفای سـینه ی صاحبدلا ن می خواهد آزادی

کنـار رود مـردم در تـب و تـاب خیابـان هـا
نه سـرو بسـته پـا سـرو روان میخواهـد آزادی

نمـی گنجـد بلنـد عشـق در کوتـاه اسـتبداد
بـرای پر گشـودن آسـمان مـی خواهـد آ زادی

خـروش مردم بی خانمـان می خواهـد آزادی
نه یک بابک دو بابک بابکان می خواهد آزادی

به سـرد وگرم ایـن ایین فروشـان دل نمی بندم
سری پر شور و قلبی مهربان می خواهد آزادی

بنمایندگی حافظ و فردوسی نیز
عشق را داد وستد خواهم کرد
و به ناآگاهان خواهم گفت
ای به ستم ساختگان
دل به تزویر و ریا باختگان
گول عمامه و نعلین و عبا را مخورید
گول فرمایس ملای ریا را مخورید
و به هر کس که به چشمم نظری دوخته است
زیر لب خواهم گفت
که سیاست چه پدر سوخته است

آرزو

روزی از بندگی خویش رها خواهم شد
و به فرمان دل این بار خطر خواهم کرد
از من و ما و شما نیز گذز خواهم کرد
و به سودای سپند زرتشت
تا به سر منزل مقصود سفر خواهم کرد

تا جهان دل ها همه گردد آباد
کینه را از دل نا آگاهان خواهم رفت
به جهان خواهم گفت خوش زمانی که نه چندان دور است
بین تهران و تا آویو پلی خواهم ساخت
پایه ها از پیمان
مهره هایش از مهر
پیچ ها چیچک جان
جان بهایش را نیز نقد خواهم پرداخت

چشم مستت

چشم مستت با دل من کارهایی می کند
کاین هوسران پیش خود پندارهایی می کند

هر چه می دزدم ز چشمانت نگاه خویش را
پیک پاک لحظه ها اصرارهایی می کند

ماه می نازد بخود از این که مهنازش تویی
عاشقت اما ز بیم انکارهایی می کند

روزه و دریوزگی در پیش رندان عیب نیست
بالبت این تشنه لب افطارهایی می کند

باغ آغوش ات گل افشان می کند شعر مرا
گونه‌ی سرخت ولی اخطارهایی می کند

این غزل را گفتم و رفتم که از یادت برم
گر چه این دیوانه دل اظهارارهایی می کند

پاریس ۱۰ نوامبر ۲۰۰۷

بگشایم آغوش
و به آوای نسیم گل سرخ
سر بگوش تو بگویم گل من
روز عشاق مبارک بادت

Valentine's Day 2009

روز عشاق

واژه‌ی عشق عجب واژه‌ی پر منزلتی یست
که هزاران سال است
در درون دل من
پشت دروازه‌ی پر حوصلگی
با کمند گل سرخ
در کمین استاده‌ست
تا تو شاید روزی
در دل بگشایی
و بخوانی از عشق
و بخندی چون گل
و بگویی که بیا

و من از شوق فراموش کنم هستی را
بشتابم با شور

مفشار ماشه را

لختی درنگ کن

ای از شراب قدرت بسیار مست مست

آیا تو را خبر ز دل داغدار هست

جز ننگ نیست آخر پیروزی و شکست

مفشار ماشه را

لختی درنگ کن

فکری برای سرزنش نام و ننگ کن

با دشمن درون دل خویش جنگ کن

مفشار ماشه را

مفشار ماشه را

تابستان ۲۰۰۹

مفشار ماشه را

مفشار ماشه را
لختی درنگ کن

یک لحظه در نگاه کودک معصوم خیره شو

آیا خدا، خدای من و تو، خدای ما
او را برای کشته شدن آفریده است
بر دیو خشم و اهرمن کینه چیره شو

مفشار ماشه را
لختی درنگ کن
بشنو صدای خسته مادر را
فریاد در گلو شکسته ی مادر را
آوای از هم گسسته ی مادر را

و انگاه ....
قدم بر استانه ی در نهاد
(خانه تاریک شد)
او ....از سنگسار خورشید باز می گشت

۱۴ اوریل ۲۰۰۳ سن هوزه

حزب اللهی

چماقش را
در پاگرد پله
پنهان کرد و
دستی به سر و گوش پنجه بوکسش کشید
(در جیب)

زنجیر هزار حلقه را که
سبحه اش نیز بود
بر داربست دیدگاهش
اویخت
و بعد ،،،
اخرین رکعت نمازش را
که سجده بر ضامندارش بود ...
بجای اورد

خادم مسجد اگر سینه ات از هم ندرد
پاسدار در میخانه شود جلادت

تو کجا و شرف و غیرت و ناموس کجا
غیر تزویر و ریا یاد نداد استادت

باش تا بردمد آیینه ی مهر آیینان
تا که درهم شکند ظلمت استبدادت

باد در غبغب پتیاره گی انداخته ای
ای روان پاره سر انجام بخوابد بادت

۱۱ جولای ۲۰۰۸ سن هوزه

ای روانپاره

ترســم آنقــدر بســوزد وطــن از بیدادت
کاتـش افتد بـه تو و هر چه مبـادا بادت

آن قــدر بنــدی ی پندار پریشــان خودی
مرگ شــاید کند از جهل و جنون آزادت

اشـک و آه پــدر و مــادر اعدامــی هــا
ســیل و طوفان شــود از بن بکند بنیادت

روز پیــکار چنان زوزه بــر آری از جان
کـه بیاینـد شـغالان بـه مبارکبــادت

آنقدر دست بخون خفته بر آید از خاک
کـه زمینگیــر شــود دامــن اســتمدادت

دست و پا گم کنی آن سان که به هنگام گریز
جـای عمامــه و نعلیــن رود از یـادت

ای ناظمان نظام شما نیز بگذرد

ای ناظمان نظام شما نیز بگذرد
آیین انهدام شما نیز بگذرد
هرچند کام آدمیان تلخ کرده اید
چون کهنه درد در وطنم ریشه کرده اید
وین درد بی دوای شما نیز بگذرد
بر خلق بی نوا چه ستم ها که می کنید
آوازه ی نوای شما نیز بگذرد

پرواز با عشق

زنده یاد
مسعود سپند
شاعر ملی

آئینه های دردار
پرچم شده نگونسار
اینست نسل پیکار
آخوند های سربار

جمهوری اسلامی

دست از دهانم بردار   جمهوری اسلامی
پا بر گلویم مفشار   جمهوری اسلامی

بس غنچه ها شگفتند   بس نا شگفته خفتند
خشکید باغ و گلزار   جمهوری اسلامی

من عاشق ایرانم   آباد و گر ویرانم

می خواهمش چه بسیار جمهوری اسلامی
جمهوری اسلامی سردار ها سر دار
با شوق و شور بسیار
انسان گلوله دیوار
اندیشه های بیمار
آخوند مردم آزار
کمبود های بسیار
دیوانه های هوشیار
آزادگان پیکار

پرواز با عشق

وطن به سوی تو پرواز می کنم با عشق
به اسمان و زمین ناز می کنم با عشق
کبوترانه به گرد سر تو می گردم
هوای دولت شهباز می کنم با عشق
ز اشک شوق به بامت ستاره می بارم
نگاه کن که چه اعجاز می کنم با عشق
دوباره از دل خاکستر تو می خیزم
دوباره زندگی آغاز می کنم با عشق
به کام تشنه ی آزادگان باد بدست
چه باده ها که پس انداز می کنم با عشق
به هر چه قفل دلم را دخیل می بندم
ز هر چه بسته تورا بازمی کنم با عشق
سپند گونه بر اتش اگر فشانندم
وطن به سوی تو پرواز می کنم با عشق

۹ مارس ۲۰۰۲ سن هوزه کالیفرنیا

تا از نهال ساده ای سروی بسازی
در هم شکست آخر تنت مادر کجایی

دلخسته ام از این همه نامردمی ها
کوی محبت مسکنت مادر کجائی

هیهات اگر پیچد شبی در گوش جانم
گلبانگ لا لا گفتنت مادر کجائی

۷ می ۲۰۰۲

مادر کجائی

ای بـاغ گل پیراهنـت مـادر کجائی
تـا سـر نهـم بـر دامنـت مـادر کجائی

داغ هـزاران آرزوی رفتـه بربـاد
بر چهـره‌ی چون گلشنـت مادرکجائی

گـم شـد جوانـی زندگانـی شـادمانی
در هـر شـیار گردنـت مـادر کجائی

ان کـودک تبـدار و ان بیـدار خوابـی
داد و فغـان و شـیونت مـادر کجائی

ان چشـمهای نیمـه شبهـا خیـره بـر در
وان شـوق و شـور دیدنـت مـادر کجائی

جـز باختـن از مـادری سـودی نبـردی
آئینـه ات شـد رهزنـت مـادر کجائی

تنها نه ایرانی و ایران در غم تست
دنیا عزادار است سرتاسر ندا جان

ای کاش می مردم نمی دیدم تو را مرگ
ای کاش می ماندی چو گل در برندا جان

تا بشکنی دیو سیه را شیشه ی عمر
تا بر کنی بنیاد ظلم آورندا جان

جز خشم و خون آیین این نامردمان نیست
نامردمان را نیست غیر از شر نداجان

ایران من ایران تو در اشک و خون است
زان دم که اهریمن شده رهبر ندا جان

امروز اگر خورشید جانت را فسردند
فردا برآیی از دل خاور ندا جان

خون تو میگیرد گلوی اهرمن را
خون مستی اش را بشکند ساغر ندا جان

دردا که در فردای آزادی ایران
خالیست جایت چون سر و سرور نداجان

م......سپند ۱۱ جولای ۲۰۰۹ سن هوزه کالیفرنیا

ندا جان

ای در جوانی همچو گل پرپر ندا جان
پر پر شدی در خون و خاکستر ندا جان

جان جوانت را به تیری تیره کردند
این تیره دل های سیه اختر ندا جان

وقتی که خون از کام تو فواره می زد
خونخنده میزد حضرت رهبر نداجان

چیزی نمیداند ز مهر و مهربانی
دیو ستمکیش و ستمگستر نداجان

آن لحظه ی غمگین که تو از پا فتادی
کی میرود از یاد هر مادر نداجان

آندم که فریاد تو را سد پاره کردند
کشتند سد پروانه ی دیگر نداجان

اهرمـن ایـن هیجان مـی بینی   خیـزش نسـل جوان مـی بینی
نعـره ی شیـر زنـان مـی بینی   ایـن نـدا بـود کـه آوا سـر داد
اهرمن ننگت باد

گوش کن گوش صـدا می پیچد   این صـدا در همه جا می پیچد
می‌رود پـای خـدا می پیچـد   دختـر ملـت ایران جـان داد
اهرمن ننگت باد

اهرمـن عقـل سیاهـی داری   نفرت انگیـز نگاهـی داری
آدمیخـوار سپاهـی داری   دیـر یـا زوددهنـدت بـر بـاد
اهرمن ننگت باد

۲۵ جولای ۲۰۰۹ سن فرانسیسکو

اهرمن ننگت باد

باز ملای پلید و شیاد آیت ظلم وتباهی و فساد
مظهر ریب و ریا و بیداد پای در کوچه ی کشتار نهاد
اهرمن ننگت باد
شیخ بیچاره چه بی تدبیری باهمه خلق جهان درگیری
جان شیرین جوان می‌گیری میزنی تیشه به فرق فرهاد
اهرمن ننگت باد
باغ در دست تو ناپاک افتاد سرو پای خس وخاشاک افتاد
غنچه پرپر شد و بر خاک افتاد می چکد خون ز گلوی فریاد
اهرمن ننگت باد
ای که در کار ولایت لنگی سر به سر نام نداری ننگی
با خداوند خرد می جنگی بشکنندت کمر استبداد
اهرمن ننگت باد
اهرمن سرو روان را کشتی خیزش تیزیلان را کشتی
شور سهراب جوان را کشتی مادرش از ته دل میزد داد
اهرمن ننگت باد

ویران مکن

های خورشید مرا ویران مکن
نور امید مرا ویران مکن

سروها را ریشه کن کردی دریغ
سایه‌ی بید مرا ویران مکن

بر درفشی که ز پای انداختی
شیر و خورشید مرا ویران مکن

من به دیداری خوشم از راه دور
دولت دید مرا ویران مکن

نقشه می‌بوسم بجای خاک خویش
بوسه‌ی عید مرا ویران مکن

آبروی آب را این سان مریز
مهر و ناهید مرا ویران مکن

آب بر گور نیاکانم مبند
کاخ جاوید مرا ویران مکن

بشکن این سد هراس انگیز را
تخت جمشید مرا ویران مکن

یک بغل پر از شادی

یک بغل پر از شادی هدیه کن که محتاجم
پیش از آن که درغربت غم برد به تاراجم

شبنم گل آهم زنده تا سحر گاهم
آفتاب لبخندی می برد به معراجم

در دیار بیداران قسمتم اگر دار است
از نژاد جمشیدم از تبار حلاجم

میدهد سرم بر باد این گناه سرسبزی
خارها و خنجرها کرده‌اند آماجم

دیده گر چه پر آذر سینه گر چه خاکستر
خاستگاه ققنوسم جان پناه لیلاجم

پشت بر همه افلاک تاج میشود تختم
روی می‌نهم بر خاک تخت می‌شود تاجم

گوشه ی یک آبادی یک دو کوچه آزادی
یک بغل پر از شادی هدیه کن که محتاجم

گوشه ی پشت بام و کنج حیاط		بغبغوی کبوتران زیباست
نیمه شبها میان بستر ماه		من به فکر طلوع خورشیدم
همه جا می روم به بال خیال		می رسم تا به تخت جمشیدم
میزنم بوسه بر سرا پایش		شهر نو روز باوران اینجاست
می گذارم به خاک پیشانی		خاک پاک دلاوران اینجاست
پیک خورشید از دیار کهن		خبر آورده ماه نوروز است
دامن کوه سبز و سرخ و سپید		یاد یک پرچم دل افروز است
چک چک ناودان خانهٔ ما		نیمه شب می چکد به چشمانم
نغمه سر می دهد بهار بهار		من به فکر بهار ایرانم

۲۷ مارس ۱۹۹۸ سن هوزه کالیفورنیا

چکامهٔ بهار

چک چک ناودان خانه ی ما　　خبر از ابر و باد و باران داد
بوی گل بوی سبزه بوی گیاه　　نیمه شب مژده ی بهاران داد
تا سحر میل می کشم برچشم　　گر چه از میل خواب سر شارم
تا بسازم ز شعر دسته گلی　　با گل واژه در کلنجارم
می‌نویسم به سقف خانه‌ی خویش　　با قلم موی خیس مژگانم
نقشه هایی که نقش بر اب است　　من نه می بینم و نه می خوانم
داغی ی بوسه های نوروزی　　از دل من قرار می گیرد
چشم هایم به گل که می افتد　　سینه ام خار خار می گیرد
تا عروس بهار می بینم　　با دل خود بگو مگو دارم
باز عاشق شدی دل غافل　　پیش مردم من ابرو دارم
فصل گل با طبیب می گویم　　کم بگو روزگار پرهیز است
گر چه پاییز در تنم جاریست　　سینه ام از بهار لبریز است
تا زمین در شط زمان جاریست　　شعر و شور و سرود باید گفت
به شکوفه به ابر باران باد　　به بهاران درود باید گفت
در خیابان و کوچه و بازار　　دلبری های دلبران زیباست

در آب و آینه اش کینه ای نمی گنجید
سفیر مملکت حسن ظن به خاک افتاد

به جز کتاب به کس دل نداد و سرنسپرد
رها ز دایره ی ما و من به خاک افتاد

امیر شهر هنر پیشوای ما محجوب
دریغ با غم خاک وطن به خاک افتاد

زهرم حادثه ها گر گرفت سینه ی او
به تن کشید ز اتش کفن به خاک افتاد

فراق میزند اتش به های های (سپند)
خدا خدا چه بگویم سخن به خاک افتاد

زنده یاد
مسعود سپند
شاعر ملی

حریف حجره و گرمابه و گلستان بود
رفیق گردش دشت و دمن به خاک افتاد

صبا به مردم شیراز این پیام ببر
مرید خواجه‌ی شکر دهن به خاک افتاد

ابوالفوارس دوران ز دور بیرون شد
عدوی محتسب اهرمن به خاک افتاد

ز بیستون خرد بانک تیشه‌ها بر خاست
که ذره ذره تن کوهکن به خاک افتاد

ز کاروان هنر ساربان برفت از دست
ترانه خوان چمان چمن به خاک افتاد

خبر به قونیه و شهر توس باید برد
که شمس عشق و یل پیلتن به خاک افتاد

ز بی قراری تهمینه می توان در یافت
حریف کشتی هر فوت و فن به خاک افتاد

شمیم مشک ندارند نقل نقالان
که قصه گوی ختا و ختن به خاک افتاد

اگر چه آرش اندیشه اش به غرب رسید
کمان و تیر و زه و تیرزن به خاک افتاد

سخن به خاک افتاد

برای استاد محمد جعفر محجوب

فغان که پیر من استاد من به خاک افتاد
شکوه کوه توان را بدن به خاک افتاد

درفش کاوه ی ملک ادب سیه پوشید
شکست در کف اسطوره جام کیخسرو

طلایه دار سپاه سخن به خاک افتاد
سیاوش تهم و تهمتن به خاک افتاد

از این خبر دل ایینه ها چنان لرزید
که چلچراغ هزار انجمن به خاک افتاد

خدای بزم طرب ناخدای بحر ادب
قصیده سینه غزل پیرهن به خاک افتاد

فضای قصر خورنق دو باره شد تاریک
چراغ لاله عقیق یمن به خاک افتاد

آتش پیمانه

رویـت از آتـش پیمانه گل انداخته است
یا حیا از نگهت مست برون تاخته است

طاق نصرت زده بر طاق نگاهت مهتاب
ماه مهرابه‌ی خورشید دلان ساخته است

سینه ریزی که به پستان تو پهلو دارد
اب در چشم و دهان همه انداخته است

جامه از آن تن طناز به خود می نازد
خامه در وصف گلستان رخ‌ات فاخته است

باده سرمست از آنست که در کام تو است
جام در دست تو با گردن افراخته است

هرکه از میکده‌ی مهر تو می می نوشد
به جهان بهتر از این کار نپرداخته است

می نهی پای به انگیزه‌ی شعرم اما
غزلم در قدمت قافیه را با خته است

۴ صبح چهارشنبه ششم دسامبر ۱۹۹۶ مادرید اسپانیا

سـال آوارگـی پریشـانی سـال تحقیـر قـوم ایرانـی
جنگ جنگی که خانمانسوزاست مرگ مرگی که سخت جانسوز است
کـودکان اوفتـاده روی زمیـن بـا مسلسـل اگـر نشـد بـا میـن
پـاره کردند ریشـه هـای حیات هـر دو دیوانـه از دو سـوی فرات
رنـگ رنـگ سیاه رنگ سـفید رنگهـای دگـر نبایـد دیـد
دارهـا و هـزار هـا حـلاج زندگـی دلاوران تـاراج
دختـران غنچه های نـورس باغ رفتـه در خاک وسـینه هـا پر داغ
خاک شیرین شده است از لب قند آیـت الـه مـی زنـد لبخنـد
نوجوانـان هـراس بیـکاری اعتیـاد و زکار بیـزاری
سـینه هـا خالـی از گل ایمـان مـردم دلشکسـته سـر گـردان
سـال پایـان مهربانـی هـا سـال آغـاز کار جانـی هـا
سـال درد و بـلا و ویرانـی سـال پنجـاه و هفـت ایرانـی

انقلاب سیاه

سـال بد سـال زشت سـال تباه / سـال آغاز انقـلاب سـیاه
دود, آتش ,دروغ, خشـم ,جنون / آیـت الـه تشـنه, تشـنه ی خـون
سـال افتادن ز چالـه بـه چاه / کـوه اسـطوره سـاختن از کاه
سـال بـر بـام کـردن اللـه / سـال بـد نـام کـردن اللـه
مـوی ابلیس و صفحـه ی قرآن / صورت مـاه و چهره ی شـیطان
روضه خوان شـیخ و زاهد گمراه / سر بـر آورده از مغـاک سـیاه
تهمـت و افتـرا و دلهـا ریـش / دوست با دوست خویش هم باخویش
سال پیـروزی ستمکیشـان / یاوه بافان و یـاوه اندیشـان
مردم خـرد - کارهـای سـترگ / کار هـا خـرد - مردمـان بـزرگ
سنگباران شـقاوت دسـتار / تو سـری و چماق و چوبـه ی دار
قتـل عـام هزارهـا زن و م رد / پشـت زندان و کوچـه هـای نبرد
تن انسـان گلولـه و دیـوار / دل بریـدن ز آشـیانه فرار
لحظـات شکسـتن ایمان / مرز ترکیـه مـرز پاکسـتان
سـال بـر بـاد رفتـن نامـوس / با دگر ها به حجلـه رفته عروس

تو دشمن قلمی هر کجا قلم دیدی
بدست و پای دلیران ملک جم بشکن

به تازیانه‌ی تازی هنوز مینازی
تو ای پلید ترین تخمه ی عجم بشکن

بلند بانک سعیدی سیرجانی را
بگوش باش که گوید ترا تو هم بشکن

ز مرگ خوش به مادرس زندگی اموخت
قلم شکن بشکن باز هم قلم بشکن

هفتم ژانویهٔ ۹۵ برکلی، کالیفرنیا

قلم شکن

قلم‌شکن، بشکن، باز هم قلم بشکن
به راه عشق وطن هر که زد قدم بشکن

حریم خانهٔ امن ستم ستیزان را
شبانه گر نشکستی سپیده دم بشکن

به نام نامی اسلام من در اوردی
هر انکه پیش تو سر را نکرده خم بشکن

به‌سوگ خامه طرازان که می روند از دست
ترا چه غم ز کم‌وبیش، بیش وکم بشکن

تو ای سیاه ترین مظهر ستمکاری
قلم به شیوه ی شرم اور ستم بشکن

دهان هر که نویدی دهد ز مهر بدوز
بدوش هر که امیدی شود علم بشکن

زنجیر و پنجه بکس

بر گردن و سر و کمر و پشت می زنیم

ما عاشقان گریه و درد و مذلتیم

سوداگران ناله و اندوه و محنتیم

مارا برای کشته شدن افریده اند

ما تابعان ظلم و خودازار ملتیم

ما غافلیم

نه که ما

عین غفلتیم

در قرن کامپیوتر و پرواز در فضا

در پیله ی تعصب خود وول میخوریم

آری تعصب است که ماگول می خوریم

حالا به من بگو

بااین همه بلا و مصیبت که

شعری برای زلزله آیا سرودنی ست

از دست های پر بر و پر بار گفته ام
از اتحاد محبت برابری
از عشق افتخار شرافت برادری
حتی من ازدروغ ستم پیشه ی پلید
پتیاره ای که خار تفرقه در سینه ها خلید
خونخواره ای که رشته ی مهر از همه برید
دجاله ای که خاک وطن را به خون کشید
بسیار گفته ام
بسیار از شقاوت دستار گفته ام
از جنگ نابرابر گل با گلوله ها
در گرگ و میش سربی صبح پریده رنگ
از جر و جر پاره شدن های پوست ها
هنگام تیر بار
آیا خدا
خدای من و تو خدای ما
مارا برای کشته شدن افریده است
حتی اگر کسی نزند تو سری به ما
ما خود به دست خویش به سر مشت می زنیم
آری به قصد کشت
با تیغ و چوب و کارد و قمه

زلزله

پرسید...... تازگی
شعری برای زلزله ایا تو گفته ای
غمضجه های غنچه رخان یتیم را
تکناله های گمشده در بغض و بیم را
ایا شنفته ای ؟
هنگام شرح درد
ایا قلم نشده استخوان تو ؟
ایا ز هول مرگ نلرزیده جان تو ؟

با زهر خنده ای از آن درد می جهید
گفتم که ها بله ،،،،
بسیار گفته ام
بسیار با سرشک شرر بار گفته ام
بسیار از امید محبت شکوفه باغ

پیر طوس

الا ای که سوی وطن میروی   به پیش عزیزان من میروی
به هر کوی و برزن گذر میکنی   به جای دل من سفر میکنی
گذارت گر افتاد بر خاک طوس   بر پیر طوسی شدی پای بوس
بگو عاشقانت در ان دور دست   همه از شراب کلام تو مست
بیاد تو ساغر به سر میکشند   خیل وطن را به بر میکشند

۱۹ جولای ۲۰۱۵

من از تبار بلا دیده یادگارانم

من از تبار بلا دیده یادگارانم

خراب و خسته ز کردار نابکارانم

درفش خونی تاریخ می کشم بر دوش

اسیر زخمی ی میدان کار زارانم

به خسته خانه ی دریا دلان گذر دارم

قرار رفته ز کف های بی قرارانم

به سنگ کوفته ام سر ز دوری خورشید

بلور شبنم رنگین آبشارانم

جگر خراشترین مویه پیش رو دارم

سکوت وحشت شب های تیربارانم

سراب نیز در اندیشه ام نمی گنجد

غبار گم شده در یاد روزگارانم

زسر بلندی خود لاف می زنم اما

به پیش خویش زانبوه شرمسارانم

به سینه سوخته گان مرهم است شعر سپند

شراب ریخته بر خاک شاد خوارانم

۱۸ اکتبر ۱۹۹۸ سن هوزه کالیفرنیا

مهرگان

پاییز پا نهاده به میدان مهرگان
گسترده بر بساط زمین خوان مهرگان
گلچرخ برگ ها ز دلم می برد قرار
رقصی چنین میانهٔ میدان مهرگان
گلبانگ نوش نوش ز هر سو رسد به گوش
پیمانه خوش تر است به پیمان مهرگان
با کاوهٔ نبرد فریدون کامکار
ضحاک را سپرده به زندان مهرگان
در بارگاه انجمن مهر و دوستی
خورشید پر کشیده به ایوان مهرگان
غوغای ابر ضربه باران و رقص باد
می می چکد ز ناوک مژگان مهرگان
فرخنده باد با دل زردشتی سپند
رقصی چنین میانهٔ میدان مهرگان

زبس که دوخته‌ام دیده بر درازی شب
ستاره‌های سحرگاه شرمسارندم

عجب که با همه آتش زبانی‌ام چون شمع
به پاسداری پروانه می‌گمارندم

هزار قصهٔ ناگفته بر زبان دارم
که شرح درد رفیقان سربدارندم

زخاک سبز وطن سرو سرخ می‌روید
که سرفرازی جان امیدوارندم

به پای خاطره‌هاشان به خاک می‌افتد
همین دو قطرهٔ اشکی که بیقرارندم

سن هوزه ۱۱-۱۱-۱۱

زنده یاد
مسعود سپند
شاعر ملی

سرو سرخ

رها ز خویشـم و راحت نمـی گذارندم
ز پـا فتـاده‌ام و پـای می‌فشـارندم

خراب و خسته‌ام از تهمت ستمکیشان
شگفت نیسـت که در فکر سنگسارندم

اگـر نمي‌شـنوم قصـه هـای شـیرین را
بـه زخـم تیشـه ی فرهـاد مي‌نگارنـدم

صفای صلحم و این مردمان جنگ پرست
هنـوز در پـی آزار و کارزارنـدم

رفیـق اهـل دلـم دیـر مـی‌روم از یـاد
شـراب خانگیـم زود می‌گسـارندم

کلیـد گنـج کلامـم ز بـاب آزادی
بـه دسـت مـردم نابـاب می‌سـپارندم

کودکان زاده در غربت

کودکان زاده در غربت
ای شما رستم پدر
تهمینه مادرها
ای شما سهراب ها
در سینه اذرها
اه ,,,,,,,,,
ایا می توان امید بر مهر شما بستن
رو به سوی بارگاه عشق
می توان از خویش بگسستن
می توان گاهی به دیدار پدر رفتن
می توان با اشک شادی
سوی میهن
با چشم تر رفتن

بارگاه مهر

جام لبت به کام هوس می کشاندم
سودایت عاقبت به عسس می کشاندم

در بارگاه مهر تو در سوگ آفتاب
رسوایی عاقبت به قفس می کشاندم

غافل شدم زقافله ی مهر باوران
کارون و زنده رود و ارس می کشاندم

در سوک آفتاب تو ای سرو سربلند
سوی تو های‌های جرس می کشاندم

دلم بهاری نیست

بهار آمده اما دلم بهاری نیست
شکوفه‌ای به لبم غیر زخم کاری نیست

امید بر که ببندم تمام من تنهاست
اثر به هیچ نگاهی ز شرمساری نیست

در ایستگاه محبت نشسته‌ام تنها
قطار می‌رود اما دلم قطاری نیست

رکاب می دهدم رخش بادپای خیال
به ران خسته ام انگیزه‌ی سواری نیست

ز بی‌قراری پروانه‌هاست می‌دانم
که عشق در دل آزادگان قراری نیست

خراب می‌شود این شهر بی محبت‌دوست
بگو به یار که این رسم شهریاری نیست

بدوش خویش اگر می کشی سبوی سپند
خموش باش که این راه راز داری نیست

۲۱ جولای ۲۰۰۴ ساعت ۳۰/۴ بامداد سن هوزه

یاد و یادگار

لـب نـوش ات شـراب می طلبد　　　خنـده ات آفتـاب می طلبـد
یـک نظـر سـد نظـر هـزار نظر　　　نگهـت انتخـاب می طلبـد
لطـف داری لطیف هم هسـتی　　　گل رویـت گلاب می طلبـد
یـاد رنگیـن کمـان آینـه ات　　　سـایه چشـمت آب می طلبـد
حرمـت دل نـگاه میـداری　　　سـینه ات التهـاب می طلبـد
اسـم تـو شـعر تـو ترانـه ی تـو　　　من مسـت و خـراب می طلبد
جـای درجـان شـبروان داری　　　مهـر تـو ماهتـاب می طلبـد
عمـر کوتـاه و آرزو بسـیار　　　زندگانـی شـتاب می طلبـد
ظهـر اندامـت آفتـاب بلنـد　　　تشـنگی هایـت آب می طلبـد
یـک غـزل پـا نهـاده ای بـه دلم　　　قدمـت شـعر نـا ب می طلبـد
مستی ی لحظه های شرم و حیا　　　دف و چنـگ و رباب می طلبد
یـادت آتـش زند به جان سـپند　　　از لبانـت جـواب می طلبـد

زنده یاد
مسعود سپند
شاعر ملی

پشت دیوار درد مردی هست
که سرود هزار رود در اوست
می رسد عاقبت به دریائی
کزلب موج ها درود بر اوست

سال ها رفته است و او با جان
برریا و دروغ می تازد
پیر تاریخ خوب میداند
راستی می برد نمی بازد

پشت دیوار درد مردی هست
پرچم عشق می کشد بر دوش
دست در بند وپای در زنجیر
می کشد نعره با لبان خموش

کای اسیران آنسوی دیوار
می توان دیو را به بند کشید
میتوان در کمین ظلم نشست
بر ستیغ ستم کمند کشید

۱۲ جولای ۲۰۰۶. سن هوزه

پشت دیوار درد

پشت دیواردرد مردی هست
کز دل من نشانه ها دارد
زیر بار ستم نرفته ولی
زخم ها روی شانه ها دارد

پشت دیواردرد مردی هست
کز شب دخمه ها خبر دارد
سخن از جنس نور می گوید
خشت خورشید زیر سر دارد

پشت دیوار درد مردی هست
با چراغی و دفتر و قلمی
می شکافد دل سیاهی را
جستجو می کند سپیده دمی

دست در دست و پای در میدان
میهن آباد میشود با عشق

دیو هم با سه پند پیر مغان
آدمیزاد میشود با عشق

۶ جولای ۲۰۰۶. سن هوزه

آدمی شاد می شود با عشق

آدمی شــاد مـی شــود با عشــق
از غــم آزاد مــی شــود بــا عشــق

کنــدن کــوه مــی شــود شیرین
تیشــه فرهــاد میشــود بــا عشــق

جان بــه ارژنگ مـی دهد مانی
خامــه بهـزاد میشــود بــا عشق

از رگ تــاک تــا دل افــلاک
بــاده بنیــاد مــی شــود بــا عشــق

ای بســا در شــکارگاه نگاه
صید صیــاد میشــود بــا عشق

آتش انتقــام مــی خســبد
کینــه بربــاد می شــود با عشــق

بــر رخ عاشــقان آزادی
چیــن وآژنــگ را تماشــا کــن

دســت خالی هنــوز می جنگند
ناخــن و چنــگ را تماشــا کــن

هــای هــای(ســپند) را دریــاب
ســینه ی تنــگ را تماشــا کــن

۲ نوامبر ۲۰۰۵ سن هوزه کالیفرنیا

زنده یاد
مسعود سپند
شاعر ملی

رقص خرچنگ

هموطن ننگ را تماشا کن
ننگ فرهنگ را تماشا کن

اهرمن دست دیو می بوسد
بوسه بر سنگ را تماشا کن

هر دو خونریز هر دو خون آشام
نسل هوشنگ را تماشا کن

جای رستم شغادها بسیار
رنگ و وارنگ راا تماشا کن

با طناب تعصب و تزویر
مشتی آونگ را تماشا کن

بر درفشی که شیر می غرید
رقص خرچنگ را تماشا کن

چـه کـس رسـتم زال را مـی سـتود
کجا نـام سـعدی خریدار داشــت

کجا حافظ از عشـق دربار داشـت
کجـا مولـوی شـمس را مـی سـتود

نظامـی در گنـج را مـی گشـود
ببایست قدر سخن را شناخت اگر

باخت سـر را سـخن را نباخـت
همایـش اگـر نیـک بـر پـا شـود

اروس سـخن مجلـس ارا شــود
چـه هنگامـه هایـی کـه بر پاشود

سـخن در میـان دو تـن نشکند
اگـر بشـکند سـر سـخن نشـکند

کـه پـس از کذشـت زمانـی دراز
مـن و تـو نشسـتیم بـا روی بـاز

چنان مسـت گشـتیم از شـعر ناب
کـه گویی کـه نوشـیده ایـم افتاب

سـخن آدمی را به هم بسـته است

ب به هم همچو زنجیر پیوسته است
عـلاج دل خسـته باشـد سـخن

کلیـد در بسـته باشـد سـخن
سـخن برتـر از گوهـر و زر بـود

سـخن بـر زبـان ها چـو افسـر بود
بسـا رهـرو عشـق بـا شـرح درد

دل سـنگ نمعشـوقه را نـرم کـرد
سـخن ارزش ادمـی زاده اسـت

اگـر رنگ رنگ و اگر سـاده اسـت
سـبوی سـخن بـوی می مـی دهد

سـیاووش و کاووس کـی می دهد
سـخن بـر لـب پیـر تـوس ار نبود

وطـن پـور سـینا و پیـر هـرات
وطـن سـعدی و گردش سـومنات

وطـن حافـظ و طاهـر و مولـوی
وطـن صائـب و بئـدل و مولـوی

سـمرقند و بلـخ و بخـارا وطـن
زرافشـان و سـیر دریـا وطـن

وطن هر کجائی که شـعر دریست
وطـن هـر کجـا مـردم آذریسـت

وطـن یـادگاری ز عیـار هـا
چـه سـردار هـا بـر سـر دارهـا

الا ای کـه سـوی وطـن مـی روی

بـه نـام خداونـد شـهنامه هـا
زشـهنامه‌ها سـاخته نامـه هـا

بـه شـهنامه فردوسـی پـاک زاد
بنـای سـخن را چـه نیکـو نهـاد

خدایی که هم باتو هم بامن است
و نزدیک تر از رگ گردن است

نمی‌پرسد از کس که دین تو چیست

نیازی ندارد به دولا شدن
نشستن به کنجی و رسوا شدن

مسلمان و کافر برایش یکی ست
همه هستی او به جز عشق نیست

بنام خداوند میخانه ها
صفا بخش پیمان و پیماده ها

خدایی که شهنامه را افرید
ز شهنامه سد نامه را افرید

زبان را بر افراشت با پیر توس
بیاراست روی سخن چون اروس

وطن را به شهنامه او زنده کرد
چراغی فرا راه اینده کرد

بنام خداوند عشق و جنون

بنـام خداونـد عشـق و جنـون
خداونـد خـاک و خداونـد خـون

خدایی که در صافی سـینه هاست
خدایـی کـه اییـن اییـنه هاست

خدایـی کـه در بـال پروانه هاست
در انـدوه و شـادی دیوانـه هاست

خدایـی که در جان گلبوته هاست
قـرار و دل و جان دلسـوته هاست

چـراغ در وبـام دل هـای پـاک
کـه از مهـر مـردم شـده تابنـاک

خدایـی کـه جانـی و جبار نیست
شـکنجه گـر و ادمیخـوار نیسـت

آتش جنگ بر افروخته اید
چرخه‌ی قطع نفس ساخته اید

با کلیدی و کلامی موهوم
زندگانی‌ی سپس ساخته اید

منصب کوه به کاهی دادید
شاهبازی ز مگس ساخته اید

شرمتان باد سیه اندیشان
چه از این بی همه کس ساخته اید

۱۲ فوریه ۲۰۰۷ سن هوزه. کالیفرنیا

شاهبازی ز مگس

خانه از جنس قفس ساخته اید
کوچه را دام عسس ساخته اید

سرو از سایه خود می ترسد
بس که پرهیب و هرس ساخته اید

شیوه ی مرگ پرستان دارید
زوزه را بانگ جرس ساخته اید

زن ستیزید و ستیزستانی
بین کارون و ارس ساخته اید

کام از نام خدا می گیرید
عشق بد نام هوس ساخته اید

با گروگان و گروگان گیری
ماجراهای طبس ساخته اید

کاش می شد این همه غم را ز چشمان تو شست

کاش می شد این همه غم را ز چشمان تو شست
از دل ما نیز ماتم را به فرمان تو شست

غصه ی سودای هستی را به مستی وام کرد
درد را با خنده از چشمان گریان تو شست

کاش می شد لحظه های عشقبازی را سرود
هر قرار سخت و سستی را به پیمان تو شست

کاش می شد قفل ها را از قفس ها باز کرد
هول زندانبان و زندان را به ایمان تو شست

کوچه ی بن بست را با یک اشارت باز کرد
لکه ی تردید را از صحن دامان تو شست

دست در دست محبت تا دل پرواز رفت
خاطرات تلخ دوران را ز دیوان تو شست

به یاد زنده نام دکتر محمد عاصمی تاجیکستانی

در قمار عشق از فکر خطر باید گذشت
بر سراین کارکارستان زسر باید گذشت

از گذرگاهی که دارد دشمنی ها در کمین
بادلی مانند شیر از این خطر باید گذشت

هیچگه با خود نباید گفت اگر در عاشقی
در ره خدمت به مردم از اگر باید گذشت

با خیال میوه ی شیرین درخت مهر کاشت
وانگه از اندیشه ی تلخ ثمر باید گذشت

ادمی را کور و کر میسازد این خود محوری
از کنار مردم یکسو نگر باید گذشت

باز انگشت تعصب می فشارد ماشه را
باز از خونمرگی گردی دگر باید گذشت

پیش کیکاوس تهمت چون سیاوش دلیر
(عاصمی) اسا ز دریای شرر باید گذشت

آشنای مخمور

ای آسمان چشمت سبز و سپید و آبی
مستند باده نوشان زآن گیسوی شرابی
برخیز تا که آتش از دل کشد زبانه
بنشین دمی که توفان برخیزد از میانه
ای آشنای مخمور، بیدار یا که خوابی
با آنکه در کناری مانند یک سرابی
امشب اگرچه دستی در دست جام دارم
انگار در خیالم سودای خام دارم
بگذار دسته‌ای گل در چهره‌ات ببینم
وانگاه از لبانت گل‌بوسه‌ای بچینم

این نامادر هستی
چرا می سازد و می پرورد ما را
و این بافندهٔ مستی
چرا می بافد و ناگاه
از هم می درد ما را

یکشنبه ۲۰ دسامبر ۲۰۰۹ سن هوزه
برای دوستی که زود از میان ما رفت

مرگ

و اما مرگ
این داروی اخر اخرین درمان
چه اسان می رسد از راه
تو پنداری
همین جا پشت این دیوار پنهان بود
که با یک یورش کوتاه
و در یک لحظه ی کوتاه تر از آه
تمامش کرد و دیگر هیچ

و بعد از ان
تو میمانی و سد ها پرسش بی پاسخ جانکاه
تو میمانی و سد ها حرف و سدها رهنمای گمدل و گمراه

و ما هرگز نمیدانیم

پیک نسیم این نفس پاک بی قرار
هر شام و هر پگاه
تن شسته در نسیم سحرگه ز گرد راه
بویی ز خاک پاک تو می اورد مرا
می پاشدم به سر می پرورد مرا
وانگاه میدمی تو در اندوه جام من
جان می دهی به شعر و سرود و کلام من
ای رفته چون بهار به همراه بادها
یادت همیشه در دل من نقش بسته است
نامت که زندگیست در هر کجای خاطره هایم نشسته است

ای رفته چون بهار

ای رفته چون بهار به همراه بادها
بر جان نشسته ای
از دل نرفته ای که نمانی به یادها
یادت مگر به همره جانم ز دل رود
زان دم که رفته ای شبهای بی قرار لبریز از غمند
خورشید های پیر دو باره سحر گهان
از پشت بام شرق به تکرار می دمند
دیدار غیر دیدن یاران ندیدنیست
پیوند جز به دوست به هرکس بریدنی است
ای مانده چون امید در اندیشه های من
نقش تو زنده است
در جام های من و شیشه های من
هر چند رفته ای اینجا به هر بهار
به هر روز روزگار

دریای فارس بودی و گشتی خلیج فارس
اینک شدی خلیج عرب هان خلیج فارس
غارتگران نفت فراوان خلیج فارس
فانوس آسمان به تو بخشیده روشنی
یا سند باد کرده چراغان خلیج فارس

زنده یاد
مسعود سپند
شاعر ملی

خلیج فارس

ای بر جناب خاک وطن جان خلیج فارس
جان چیست چون تویی همه جانان خلیج فارس
مهرت نشسته در دل من
بر مرز و بوم من شده بنیان خلیج فارس
چون تخت زیر پای دلیران ملک جم
تاج سر امیر نشینان خلیج فارس هر بامداد و شام اگر نیک بنگری
خورشید کرده آینه بندان خلیج فارس
تاریخ از زمان تو اغاز میشود
باموجهای تند و خروشان خلیج فارس
ان موج ها که نام تو تکرار می کنند
در گوش من همیشه غزلخوان خلیج فارس
حتی به نام نامی تو رشک می برند
این عقده دار مردم نادان خلیج فارس

واژه عشق در کتاب تو نیست
از تو نشنفته باد اهریمن

تا فرارت سرود ای ایران
همه جا گفته باد اهریمن

۱۷ مارچ ۲۰۰۱ گیلروی، کالیفرنیا

اهریمن

دولتت خفته باد اهریمن
خوابت آشفته باد اهریمن
از کف کوچه ها خیابان ها
نفس ات رفته باد اهریمن

زینهمه تیر اشک آه و خنجر اشک
سینه ات سفته باد اهریمن

تیرباران و تیر بارانگاه
همه بنهفته باد اهریمن

بر لبانت که گریه می طلبد
خنده نشکفته باد اهریمن

تا ز خشت جان پاک خویش

ایران ساخت

ایران ساخت

ایران ساخت

مسعود.....سپند

و آنگاه ...
تا نیفتد پیش پای اهرمن -
خود را به پشت انداخت ...
چشم ها را بست
شهپر اندیشه را وا کرد
بال در بال همای عشق
گشت و گشت و گشت.. تا خود ار
بر فراز کشور سیمرغ پیدا کرد
هر طرف هر سو نگه افکند
یک طرف کورش سیاوش کاوه چون خورشید
سوی دیگر رستم و گرد آفرید و آرش و جمشید
و با نورافکن امید
پیر طوس و خیزش یعقوب و دیوا شتیج را هم دید
....
و دیگر گاه
بر لبانش گوهر لبخند
دست در دست هزاران بابک آزاد یا در بند
با آسودگی جان باخت
....
او روانش را ز ننگ بندگی پرداخت

....

بار دیگر نعره زد تندیس استبداد

و پژواک خروشش رفت تا ژرفای آذرپاد

که د ستش را بزن جلاد

و دژخیم سیه بنیاد

همان مزدور ظلمتخانه ی بیداد

با یک ضربه از پهلو

چنان زد تا که خون فواره زد از پاره ی بازو

تهمدل در هم کشید ابرو

سهمدل خر خنده زد بر او

....

اختران کی می برند از یاد

آن شبی که شیون شمشیر ها پیچید در بغداد

....

و بابک -

تا نبیند اهرمن سرخی ی او را زرد

تا نخواند از نگاهش درد

تا نپندارد که پایان یافت این آورد

چهره را با خون ناب تابناکش ارغوانی کرد

مام بوم خویش را باید نگهبان بود
در پی ی آزادی گیتی دل و جان بود
....
اهرمن فرباد زد
افشین .. چه می گوید؟
و افشین .اه افشین. وای افشین-
آن گنهکار پریشان روزگار شرمسار از برگ برگ خونی ی تاریخ
آن همان آکنده از هر گند
آن همان بی ریشه بی پیوند
خوفناک از کرده ی خود سر به زیر افکند
....
اهرمن با تیز خندی طعنه زد
بابک هراسانا؟
و بابک آن گو نستوه
آن نستوه سبلانکوه
آن اسطوره ی بیگانه با اندوه
آن آئینه دار مزدک و مانی
آن دلخسته از تزویر و نیرنگ مسلمانی
چشم در چشم ستم فریاد زد -
بسیار آسانا..

بانگ زدبا واژگانی زشت و بی فرهنگ

ای سگ ای زندیق

کامت چیست

ای موالی ای عجم

سودای خامت چیست

پس چرا از ما نمی ترسی ؟

پس چرا بر خود نمی لرزی؟

......

بابک اما....

رای دیگر داشت

کشتی ی اندیشه در دریای دیگر داشت

در نگاهش مرگ آسان مینمود اما ....

زندگی در باورش معنای دیگر داست

زیر لب

نجوای دیگر داشت

....

زنده باید بود و شادی کرد

عشق را در سینه ها باید نهادی کرد

با پیام راستی ..

با مردمان بایست رادی کرد

بابک

دست هایش بسته بود از پشت امامشت
جامه اش از جنس خون و جامش از خمخانه ی زرتشت
خسته تن. جان در خطر. آزرده دل. خاموش
مهر را در سینه می پرود
کینه را در خویشتن می کشت.
.....
ارغوان دیدگانش باشفق هاو شقایق های میهن گفتگو می کرد
. تیرباران نگاهش
بارگاه معتصم را زیر و رو می کرد
دل به فرمان دلیری داشت
ترس را بی آبرو می کرد
.....
اهرمن از خشم می لرزید
دژدل و دژخو و دژآهنگ

ای کاش هر آزاده ای افتادگی داشت
هر دخت ایرانی یکی گردافرید است
گیرم نخیزد گر ابر مردی ز آلاشت
درسی(سپند)آموخت از آتش پرستی
دیوانه را در خدمت دیوانه نگماشت

۲۵ آگوست ۲۰۰۸ هلند منزل مهر آیین

ای کاش می شد

ای کاش می شد عشق را در سینه انباشت
جایی برای کینه در آیینه نگذاشت
با اشک گردن بندی از الماس تر ساخت
زیب درفشی بر سر داری بر افراشت
دفتر چه های خاطرات عاشقان را
میخانه ی شمع و گل و پروانه پنداشت
فکر بدی هم نیست هنگام تماشا
گنجشک را در باغ صاحبخانه انگاشت
در زادروز حضرت عیسای مصلوب
از قطع پای کاج کوچک دست برداشت
تا اندکی باران ببارد بر کویری
ای کاش می شد ابر را در آسمان کاشت
از سرفرازان سر بزیری دلپذیر است

جویباری دارد
و از این جوی هنوز
آنطرف تر ته باغ
لعبت آبادی است
که زیارتگه رندان و جوانمردان است

کوچه باغ دل من

در سبزی دارد
تا کسی سنگ نکوبد بر در
روز و شب در باز است
و از آن روزنه ها
می توان گل را دید
جوی آبی دارد

شعر من آینه است
تو در آن پیدائی

کوچه باغ دل من
در سبزی دارد
که به روی همه ی مردم عالم باز است

همای همت شب را بناز ای دم صبح
کز اخترن فلک دانه دانه می گذرد

(سپند)وصحبت‌صهبای(سیفی‌شرقی)
کزین سپنج سرا حافطانه می گذرد

بیادگار بماند صبح روز سوم آوریل ۲۰۰۹ در بارگاه جناب سیفی شرقی قلمی شد

خوش آن که از دو جهان عاشقانه می گذرد

خوش آن که از دو جهان عاشقانه می گذرد
ز سرد و گرم زمان با زمانه می گذرد

به هر چه هست اگر نیست دل نمی بندد
ز دام های هوس دانه دانه می گذرد

ز خلق خشک اگر دیدگان تر دارد
به سوز ساز و صفای ترانه می گذرد

غلام همت آن سرور وطن خواهم
که از سپردن سر بی بهانه می گذرد

حباب و تاج در این روزگار یکسانند
خوش آن دلی که از این هر دو انه می گذرد

ای صلیب و گنبد و گلدسته و دیوار
ای شکوه سنگ روی سنگ
بامدادت دولت مانی شامگاهت پرده ی نقاشی ارژنگ
اورشلیم ای مرز ابراهیم
ای مقدس خاک ای امید و بیم .

اورشلیم ای قلب عالم قبله ی تاریخ
ای تلاش و کوشش بسیار ای همه دیدار
بار دیگر گر گذارم بر بلند همتت افتاد
یا اگر جاری شدم چون عشق
دررگهای نرم باد،،،،،تا ببیند مردمی آزاد،،،
تا بخندند از ته دل شاد،،،
چشمهایم را به کورش وام خواهم داد

ساعت ۱ بامداد ۲۶ آوریل ۱۹۹۹ سن حوزه کالیفرنیا

اورشلیم

آسمانت مخملی از آبی ی دلنواز
کهکشانت اختر داود خوش آواز
پرچمت پرواز در پرواز

آفتابت گرم و گرد آلود، یادگار کوچ آزادی
از گدار نیل تا میعاد تا موعود .

اشکهایت کاروان های بلند آرزو
راهی از هر سوی عالم تا دل کنعان
با بزرگ امید با.... ایمان

بارگاهت سر پناه قوم سرگردان
بهترین آغاز یک پایان

اورشلیم ای شهر پر بسیار

بازهم اعدام

وقتـی جوخه هـای اعدام　　تـو رو بـه گلولـه بسـتند
تـوی اون سـپید سـربی　　پشت خورشید و شکستند

تـو بـا قطـره هـای خونت　　بـرگ زریـن و نوشـتی
تـوی تاریکـی تاریـخ　　مـردن دیـن و نوشـتی

چشـامو رو هـم میـزارم　　تـا ببینـم خنـده هاتـو
گوشـمو رو در میـزارم　　بشـنوم شـاید صداتـو

تـوی کوچـه هـای یـادت　　وقتـی کـه قـدم میـذارم
میگـم از اونهمـه خوبـی　　بـاز یـه چیـزی کـم میـارم

وقتـی آخریـن نگاهـت　　نـور خوشـید و بغـل کـرد
آسـمون بـه گریـه افتـاد　　تخت جمشـید و بغل کرد

امشب شب من است

امشب شب من است .
امشب شب ستاره و مهتاب روشن است
امشب شب چراغ شب شمع روشن است
امشب شب من است

من سالهاست
در انتظار این شب زیبا نشسته ام
لب تشنه با سراب زمان عهد بسته ام
از هر چه هست غیر محبت گسسته ام

امشب شب زن است
امشب شب تولد دلدادهٔ من است
امشب شب من است

کی می خواد تورو ببنده
کی میگه که زن اسیره
تو از اون پرنده‌هائی
که قفس نمی پذیره

زن

ای که چشم و دل و دستت
همه مهره همه ماهه
حیفه که تو رو ببندن
جای تو نه توی چاهه

اگه از دست زمونه
مثل لاله پر داغی
به خونه شادی می بخشی
تو طراوت یه باغی

آخه تو سرو روونی
نمیشه پاتو ببندن
مث دریائی نمیشه
پای موجاتو ببندن

برای شاعر آزاده مسعود سپند

زبان شعر دری در سخن چو قند آید	همای عشق رها از خم کمند آید
خیال و نقش مرا بر فراز عرش برد	که یاد دامن الوند و هم سهند آید
به صبح و شام که من زین و آن خبر گیرم	خبر ز جبر و ستم آید و ز بند آید
وطن پرست چه جوید ز خاک این غربت	که دردها ز درون و ز بند بند آید
زمانه در گذر و میهن عزیز در آتش	کجاست رحمت باران که دل پسند آید
کنار هم بنشینیم و قصه‌ها گوییم	کجاست گوهر بینش که نیشخند آید
هزار زخمه به جان است و صد گلوله به تن	کجاست مرهم زخمی که بر نژند آید
چو در پگاه به راز و نیاز پردازم	شود که ملتی آسوده از گزند آید؟
کتاب شعر فراوان بود به صحنهٔ بزم	فدای آنکه به "پالپال" بهره‌مند آید
هزار شاعر دلسوخته ناله سر دادند	اثر نکرد چنان چون گه "سپند" آید
کجاست لانهٔ عشقت رفیع خانهٔ توس	بدان که شعر تو بر شاعران پسند آید
به "ماه و مهر" هزاران سرود بر گفتم	امیدوار چنانم به چون و چند آید

ماه مهر گلستانه، ۱۱ جون ۲۰۰۵
پالپال - نام اولین کتاب شعر مسعود سپند

سروده دکتر محمد عاصمی،

وزیر فرهنگ تاجیکستان، برای مسعود سپند

تو از سلالۀ بومسلم خراسانی
تو برکشیدۀ یعقوب لیث سامانی
سمند سرکش اندیشه‌های خیامی
سپند آتش فردوسی خراسانی
فروغ روشن مهری در آسمان وجود
جهان دوستی وعشق را جهانبانی
بدل نموده سنان را به پیچ و تاب قلم
به رزم شعر و هنر چیره مرد میدانی
سپاه شعر کنون می‌برند فرمانت
که حکم ارتش اشعار را تو فرمانی
مرا نواختی ای چشمۀ نوازش و نور
به اوج فخر رساندیم اوج کیهانی
سپاس برتو سپندا، سپاسی از دل و جان
به پای مهر تو ریزم که جان و جانانی

...
در فکر و ذکر من
انسانیت عیار بزرگی و برتری است
شیرازهٔ کتاب دلم عشق و زندگی است
من دشمنم به هر چه غلامی و بندگی است

یکی از دلچسب ترین سروده‌های سپند "وطن یعنی چه" است. در این سروده، سپند اهمیت و برداشت خود را از وطن به نظم درآورده و در آن بسیاری از قهرمانان ایرانی را ستایش کرده است:

وطن یعنی هنر- تاریخ - فرهنگ　　بهارستان - هزار افسانه - ارژنگ
وطن شاهنشهان باستانی　　نبشته سنگ‌های جاودانی
وطن گاتا - اوستا - شاهنامه　　کیومرث و سیامک - خون و خامه
وطن البرز کوه و آرش و تیر　　وطن تفتان و بینالود و پامیر
وطن تهمورس و هوشنگ و جمشید　　سیاوش پاک تر از اشک خورشید

دکتر حسین شفا
مارس ۲۰۲۲

در سال ۱۹۹۴ منتشر شد. بوی جوی مولیان بخشی از خاطرات او در سفرهایش به تاجیکستان و ترکمنستان است که در سال ۱۹۹۶ به چاپ رسید.

اشعار مسعود سپند شامل شعر کهن و هم شعر نو است که متین، زیبا، دلچسب و روان سروده شده‌اند. از سروده‌های مشهور او می‌توان از قطعات زیر یاد کرد: وطن یعنی چه، من آریاییم، هوای خانه، فاطی جون، اهرمن ننگت باد، و من کیستم.

در قسمتی از سروده "من آریاییم" می گوید:

من آریائیم
از نسل آفتاب
از شهد ماهتاب
از اوج قله‌های سرافراز
از قعر دره‌های دل افروز
خاک وجود من
انبوهی از غبار تمامی قرن‌هاست
کز گردباد حادثه‌ها جان گرفته است
گرمای دست من
از هرم دشت‌های تب‌آلود مانده است
برق نگاه من
آئین مهر را
از چشم چشمه‌های صفابخش خوانده است

کشور پیشنهاد کرد که آن سروده ناب، جزو سرودهای ملی تاجیکستان قرار بگیرد و توسط گروه موزیک تاجیکستان اجرا شود. دکتر محمد عاصمی یکی از دانشمندان و شعرای سرشناس و از بانیان استقلال تاجیکستان بود. او چکامه زیر را در وصف مسعود سروده است.

تو از سلالهٔ بومسلم خراسانی
تو برکشیدهٔ یعقوب لیث سامانی
سمند سرکش اندیشه‌های خیامی
سپند آتش فردوسی خراسانی
فروغ روشن مهری در آسمان وجود
جهان دوستی و عشق را جهانبانی
بدل نموده سنان را به پیچ و تاب قلم
به رزم شعر و هنر چیره مرد میدانی
سپاه شعر کنون می‌برند فرمانت
که حکم ارتش اشعار را تو فرمانی
مرا نواختی ای چشمهٔ نوازش و نور
به اوج فخر رساندیم اوج کیهانی
سپاس بر تو سپندا، سپاسی از دل و جان
به پای مهر تو ریزم که جان و جانانی

از آثار مسعود سپند دو کتاب به چاپ رسیده، یکی "پالپال" و دیگری "بوی جوی مولیان". پالپال حاوی تعدادی از شعرهای مسعود است که

و شعرا مشارکت فعال داشت. در این محافل با استاد شهریار، فریدون مشیری، سیمین بهبهانی، اسماعیل خویی، سیاوش کسرایی، عماد خراسانی و دیگر نامداران شعر و ادب پارسی دوستی و معاشرت داشت.

پس از مهاجرت به آمریکا، برای گذران زندگی، با کار و تلاشی شرافتمندانه هزینه زندگی و تحصیلات فرزندانش را تامین می‌کرد. او کار کردن در آمریکا و پول گرفتن از کارگران کشاورزی کالیفرنیا را خوش نداشت و آنرا مشقت اجباری می‌دانست. لذا پس از پایان تحصیلات دانشگاهی فرزندانش، شیده و شهریار، اوقاتش را بیشتربه سرودن و تدریس اشعار حافظ و فردوسی و حضور در مجالس ادبی می‌گذرانید؛ و برای گسترش و شناساندن فرهنگ ایرانی کوشش می‌کرد.

مسعود سپند از وطن‌پرست‌ترین شعرای معاصر ایران بود. با دلاوری، و تا زنده بود با سَری افراشته، دلی عاشق و سوخته، در راه آزادی و برقراری حقوق بشر در ایران مبارزه می‌کرد. با انجمن سخن، مجله خاوران، مجله میراث ایران و مجله کاوه درآلمان همکاری داشت. اشعارش را از راه نشریات، رادیو و تلویزیون‌های برون‌مرزی به گوش و نظر دوست دارانش در ایران، تاجیکستان، افغانستان و اروپا می‌رساند. با دعوت مقام های دانشگاهی و ادبی تاجیکستان سفرهائی به آن کشور داشت. برای برگزاری هزاره فردوسی چند تن از یاران ادیب و شاعرش را از آمریکا و اروپا همراه خود به تاجیکستان برد. در سفری دیگربه مناسبت برپاکردن تندیس ابوعلی سینا درشهر دوشنبه، با درخواست دکتر محمدعاصمی وزیر فرهنگ پیشین تاجیکستان، چکامه "من آریاییم" را خواند که مورد استقبال پرشور حاضران قرار گرفت. رییس جمهور آن

فشرده‌ای از زندگی و کارهای مسعود سپند

زنده یاد استاد مسعود سپند، شاعر ملی و حماسه سرای ایران‌دوست در ۲۶ فوریه ۲۰۲۲، در شهر سن هوزه در کنار همسر و فرزندانش به ابدیت پیوست.

مسعود سپند در سال ۱۳۲۲ خورشیدی در سربیشه بیرجند به دنیا آمد. پس از گذراندن دوران دبستان و دبیرستان در مشهد، در دانشگاه پلیس ایران پذیرفته شد. در حین خدمت در شهربانی کل کشور دوره فوق لیسانس جرم‌شناسی را هم گذراند. تا سال ۱۳۵۷ که ناچار به ترک ایران شد، در اداره آگاهی شهربانی تهران با درجه سرگردی به خدمت خود ادامه می‌داد. به آمریکا مهاجرت کرد و در شمال کالیفرنیا اقامت گزید.

استاد مسعود سپند دلباخته میهن و فرهنگ و ادبیات ایران بود. او چکامه سرایی را از دوران دبیرستان آغاز کرد. در آن دوران وزن و قافیه و بطور کلی قواعد و صنایع شعری را آموخت. آثار شاعران بزرگ ایران چون فردوسی، مولانا، سعدی، و بویژه حافظ را با دقت مطالعه کرد. از همان نوجوانی اشعارش را در کلاس‌های ادبیات دکلمه می‌کرد و مورد تشویق و تحسین قرار می‌گرفت.

حین خدمت در شهربانی، او در محافل ادبی و جمع نویسندگان

نیست چو نیست ۱۶۷
مادر ۱۶۹
برای پدرم ۱۷۱
خوش آنکه ارزش اشعار ناب می‌داند ۱۷۲
رباعی‌ها ۱۷۳
شعرهای پراکنده ۱۷۷

یره ورخیز (به لهجه خراسانی)	۱۲۲
من کیستم	۱۲۵
چه کردی	۱۲۷
سبوی گل	۱۳۰
میکدهٔ شعر حافظ	۱۳۲
من آریائیم	۱۳۴
وطن یعنی چه	۱۳۸
در عفو لذتی‌ست؟	۱۴۲
خسته	۱۴۴
من سرزمین آریا را دوست دارم	۱۴۵
دل قوی دار غم اگر داری	۱۴۸
زبان اشک را	۱۴۹
در کنج دل جا می شوی تو	۱۵۰
هوا بس ناجوانمردانه سرده	۱۵۱
برخیز تا بقامت فریاد جان شویم	۱۵۲
آسان نیست	۱۵۳
تبر در دست	۱۵۴
تضمین	۱۵۷
تضمینی از حافظ	۱۵۹
گم کرده‌ام	۱۶۲
شهدی برای شرنگ	۱۶۴
زندگی	۱۶۶

چکامهٔ بهار	۸۴
یک بغل پر از شادی	۸۶
ویران مکن	۸۷
اهرمن ننگت باد	۸۸
نداجان	۹۰
مادرکجائی	۹۲
پرواز با عشق	۹۴
جمهوری اسلامی	۹۵
ای ناظمان نظام شما نیز بگذرد	۹۷
ای روانپاره	۹۸
حزب اللهی	۱۰۰
مفشار ماشه را	۱۰۲
روز عشاق	۱۰۴
چشم مستت	۱۰۶
آرزو	۱۰۷
آزادی	۱۰۹
اعدام	۱۱۱
تو از قبیلهٔ دردی	۱۱۲
تو تنها نیستی (پیشکش به زندانی سیاسی)	۱۱۴
حوصلهٔ شب	۱۱۸
گر نباشد عشق	۱۱۹
فاش گویم که ترا شعر تری نیست که هست	۱۲۰

مرگ	۴۶
آشنای مخمور	۴۸
به یاد زنده نام دکتر محمد عاصمی تاجیکستانی	۴۹
کاش می شد این همه غم را ز چشمان تو شست	۵۰
شاهبازی ز مگس	۵۱
بنام خداوند عشق و جنون	۵۳
رقص خرچنگ	۵۸
آدمی شاد می شود با عشق	۶۰
پشت دیوار درد	۶۲
یاد و یادگار	۶۴
دلم بهاری نیست	۶۵
بارگاه مهر	۶۶
کودکان زاده در غربت	۶۷
سرو سرخ	۶۸
مهرگان	۷۰
من از تبار بلا دیده یادگارانم	۷۱
پیر طوس	۷۲
زلزله	۷۳
قلم شکن	۷۶
انقلاب سیاه	۷۸
آتش پیمانه	۸۰
سخن به خاک افتاد	۸۱

فهرست

فشرده‌ای از زندگی و کارهای مسعود سپند ۱۳
زن ۲۲
امشب شب من است ۲۴
بازهم اعدام ۲۵
اورشلیم ۲۶
خوش آن که از دو جهان عاشقانه می گذرد ۲۸
کوچه باغ دل من ۳۰
ای کاش می شد ۳۲
بابک ۳۴
اهریمن ۴۰
خلیج فارس ۴۲
ای رفته چون بهار ۴۴

بخشیده بود. از دست دادن زودهنگام آن دوست خوب دردی است که همچنان تازگی دارد و بزودی فراموش نخواهد شد. ... مرگ چنین خواجه نه کاری است خرد!

همکاری با دوست خوبم مجید خستوان سعادتی بود که نصیب من شد و از او سپاسگزارم. از خواندن دوباره شعرهای سپند لذت برده و از شراب کلام او مست می‌شدم. روانش شاد که یادش همیشه گرامی خواهد بود.

دکتر حسین شفا در مارس ۲۰۲۲ فشرده‌ای از زندگی دوست قدیمی خود مسعود سپند را با نثری روان در نشریه راه زندگی به چاپ رساند. برای آشنایی بیشتر خوانندگان، نوشتهٔ ایشان را در آغاز این مجموعه آورده‌ایم و از آقای دکتر شفا از این بابت سپاسگزاریم.

عکس زیبای روی جلد را آقای خستوان مهر ورزیده و طراحی کردند. دو طرح زیبا هم آقای علی بزرگمهر، استاد زیبانگار، بر روی شعرهای شادروان سپند ساخته‌اند که یکی از آنها درون کتاب و دیگری پشت جلد را مزین کرده است. همچنین از آقای بیژن خلیلی و شرکت کتاب بسیار سپاسگزاریم که در صفحه بندی و چاپ این کتاب ما را یاری دادند.

ناصر پل
خرداد ماه ۱۴۰۲

کتابی که پیش رو دارید آخرین مجموعهٔ اشعار روان‌شاد مسعود سپند است که در ۲۶ فوریه ۲۰۲۲، برابر با پنجم اسفندماه ۱۴۰۰، به جاودانگی پیوست.

شادروان سپند آرزو داشت که این مجموعه را خودش به زیور چاپ آراسته کند؛ اما مبارزه چند ساله‌اش با بیماری، شوربختانه این فرصت را از او دریغ کرد. اگر می‌توانست، تردیدی نیست که نتیجه کارش به همان خوبی می‌بود که پالپال، نخستین مجموعه شعر او، و بوی جوی مولیان - گزارش او از سفرش به تاجیکستان - بود.

هنرمندان ارزنده مجید خستوان و بانو (مریم جلالی)، سالیان دراز دوستان خانوادگی سپند بوده‌اند. بر روی بسیاری از شعرهای دلنشین آن شادروان ماهرانه آهنگ ساخته، و آنها را بزیبایی اجرا کرده‌اند.

بدیهی بود که مجید خستوان درخواست همسر شادروان سپند ـ مه‌جبین سپند ـ را با جان و دل بپذیرد و از هر کوششی برای گردآوری و تنظیم اشعار آن شادروان کوتاهی نکند.

آشنایی من با شادروان سپند به بیش از سی سال پیش برمی‌گردد. هم‌شاگردی با او در کلاس‌های ادب فارسی، که شادروان استاد محمدجعفر محجوب تدریس می‌کرد، به دوستی ما استحکام بیشتری

دلم از این همه آشوب درده / حجاب گل مرا پژمرده کرده
در این بازار داغ دین فروشان / هوا بس ناجوانمردانه سرده
بگو از من به مردان تماشا / که توهین به زن تحقیر مرده

Fly With Love
A collection of poems by the national poet;
Dr. Masoud Sepand
Subject: Classical & Contemprory Persian Poems
Copyright© 2023 By Mahjabin Sepand
Compiler: Majid Khastovan, Nasser Pol
Painter: Ali Bozorgmehr
Producer: Mahjabin Sepand, Ph.D.
All right reserved.
2nd Edition by: Ketab Corporation

پرواز با عشق
مجموع های شعری از زنده یاد دکتر مسعود سپند شاعر ملی
موضوع: شعر کلاسیک و معاصر فارسی
گردآورندگان: مجید خستوان - ناصر پل
نگارگر: علی بزرگمهر
تهیه کننده: مه جبین سپند
چاپ دوم شرکت کتاب: ۲۰۲۵ میلادی - ۱۴۰۴ خورشیدی - ۲۵۸۴ ایرانی خورشیدی

No part of this book may be reproduced in any manner without the express written
consent of the publisher,
except in the case of brief excerpts in critical reviews or articles.
For information about permission to reproduce selections from this book, write to
Permissions@Ketab.com

The Library of Congress Cataloging-in-publishing Data is available upon request.

ISBN:978-1-59584-808-6
Ketab Corporation:
12701 Van Nuys Blvd., Suite H,
Pacoima, CA, 91331, USA

2 2 3 4 5 6 7 8 25

پرواز با عشق

مجموعه‌ای شعر از شاعر ملی

- - - - - - - - - - - - - - - **مسعود سپند**

شرکت کتاب
ketab.com

www.ingramcontent.com/pod-product-compliance
Lightning Source LLC
Chambersburg PA
CBHW070059080526
44586CB00013B/1125
* 9 7 8 1 5 9 5 8 4 8 0 8 6 *